POTAGER en CARRÉS

TOUT POUR RÉUSSIR, DE LA CONCEPTION À LA RÉALISATION

Direction de la publication
Isabelle Jeuge-Maynart et Ghislaine Stora

Direction éditoriale
Catherine Maillet

Édition
Coralie Benoit

Direction artistique
Emmanuel Chapsoul

Conception graphique et mise en page
Florence Le Maux

Lecture-correction
Laurence Alvado

Illustrations
Lise Herzog

Couverture
Véronique Laporte

Fabrication
Annie Botrel
Anne Raynaud

ISBN 978-2-03-588391-9

POTAGER en CARRÉS

TOUT POUR RÉUSSIR, DE LA CONCEPTION À LA RÉALISATION

Catherine Delvaux

LAROUSSE

Sommaire

Avant de commencer

L'origine du potager en carrés

les potagers du Moyen Âge étaient bien divisés en carrés, mais on trouvait un seul légume par carré (chou, oignon, poireau, bette, arroche, navet, panais...).

Petit historique

Le potager en carrés peut évoquer pour certains les jardins du Moyen Âge ou ceux de curé, mais il est en fait bien éloigné de ces jardins. On doit cette technique très contemporaine à un jardinier américain. En 1976, à l'âge de 42 ans, Mel Bartholomew, ingénieur civil, prend sa retraite, fortune faite. Il déménage près de New York, sur Long Island. De sa mère, il a hérité le goût du jardinage et c'est ainsi qu'il rejoint le Centre pour l'environnement de la ville toute proche, Smithtown, et prend part à l'un des premiers jardins collectifs. Les débuts se font dans l'enthousiasme... mais l'engouement retombe vite. Chacun se lasse : trop de travail toute l'année, pour une production pléthorique, groupée sur quelques semaines...

L'utopie d'un potager sans travail

Au lieu d'abandonner, notre homme s'accroche. Travail de la terre, désherbage, semis, éclaircissage… il en vient à penser que ce qui freine l'envie de jardiner, c'est le travail et le temps excessifs que cela demande. Il cherche alors une manière de jardiner sans effort, ou presque, pour un jardin qui produirait exactement ce dont les urbains ont besoin : de quoi s'amuser, récolter ses légumes et améliorer les menus de tous les jours.

Un carré magique

Il a alors l'idée géniale de ramener la culture des légumes, traditionnellement plantés en lignes, à des carrés de 1,20 m de côté. Des cadres de 25 cm de haut, posés à terre et remplis de terreau, sont subdivisés en 16 cases de 30 cm de côté. Dans chaque case, on cultive entre 1 et 16 légumes, selon leur taille. Les légumes cultivés ont, de préférence, des cycles courts. Ils se sèment et se récoltent en quelques mois et sont cueillis jeunes, à un stade très tendre. La rotation des légumes est donc très rapide et le jardinier ne se lasse pas. Son livre, *Square Foot Gardening*, publié pour la première fois en 1981 par Rodale Press, est un best-seller vendu à plus de 1 million d'exemplaires ! Cela le conduit à faire des conférences dans tous les États-Unis pour expliquer sa méthode. Il a même son programme télévisé.

Pourquoi un tel succès ?

Si le potager en carrés a connu un tel succès, c'est qu'il est venu à point pour une génération déconnectée de la campagne, à laquelle les parents, jeunes adultes dans les années 1960-1970, n'ont pas transmis les gestes ancestraux du jardinage. Tout doucement, sans grandes annonces, le potager en carrés est devenu un style de potager, comme l'ont été avant lui le potager du Moyen Âge, le jardin de curé, le potager classique du XVIIIe siècle. C'est un pur produit de la fin du XXe siècle, au même titre que les murs végétaux, eux aussi très vite adoptés, car répondant à un besoin et à des envies, à un moment précis.

Bienvenue en France !

En 1998, un article de Jean-Paul Collaert sur cette méthode est publié dans un magazine de jardinage. Un salarié du parc de la Villette le remarque, s'enthousiasme pour ce nouveau procédé et demande à l'auteur de lui concevoir une « mallette pédagogique » pour les enfants des écoles qui viennent visiter les serres de la Villette. Le livre sort en 1999 et connaît un immense succès parmi les jardiniers. La méthode du potager en carrés était lancée en France. Depuis, des milliers de potagers en carrés ont vu le jour chez nous et les cadres se vendent désormais couramment dans les grandes jardineries.

Le potager en carrés : une ouverture sur le monde et aux autres

Après son succès, Mel Bartholomew est parti en Inde, au Népal, en Haïti, aux Bermudes et jusqu'en Himalaya ; il a participé à des projets de développement et d'aide aux populations. Il a créé la Fondation pour le potager en carrés (The Square Foot Gardening Foundation, une association à but non lucratif), pour continuer à développer des projets humanitaires partout dans le monde.
Rentré aux États-Unis, il continue à promouvoir sa méthode auprès de patients de longue durée ou à mobilité réduite à l'hôpital de Port Jefferson, près de chez lui, toujours à Long Island. Il a désormais un blog, mais aussi un site (www.melbartholomew.com), des comptes Facebook et Twitter !

Le principe

Entre le semis des radis et leur récolte… de 20 à 25 jours, pas plus !

Le potager en carrés, une méthode souple et adaptable

La méthode du potager en carrés est une approche très différente du jardinage classique. Elle est simple, adaptable à chacun, souple d'utilisation, peu chronophage.

- Il s'agit de cultiver, de préférence, des légumes qui poussent et se récoltent vite (radis, mesclun, cresson, pourpier, chou-rave, haricots verts, salades…). Ils se consomment jeunes, tendres et sont pleins de saveurs. C'est ici la diversité et le goût qui sont privilégiés, pas la production de masse.

- On cultive les légumes dans des cases de 30 ou 40 cm de côté, regroupées dans un carré plus grand de 1,20 m de côté. De cette manière, tous les légumes sont accessibles en tendant le bras, et il n'y a pas besoin de marcher sur la terre. Au-delà de 1,20 m de large, on perd l'ergonomie spécifique au potager en carrés.

- Les 9 ou 16 cases sont délimitées physiquement par des ficelles ou des lattes de bois ou de bambou.

- La succession des cultures est rapide ; le choix des légumes et des variétés est rationalisé pour occuper le sol le plus régulièrement et le plus longtemps possible dans l'année.

- Dès qu'une case se libère, on replante ou ressème aussitôt pour ne jamais laisser la terre nue.

- On sème ou plante peu à chaque fois, mais très régulièrement, pour étaler les récoltes : on peut semer, par exemple, une vingtaine de radis tous les 10 jours, 3 fois de suite.

- Il est possible de se concentrer sur un seul carré, comme de mener de front la culture de plusieurs carrés, selon son temps libre, ses envies ou ses besoins. Un jardinier à la retraite et qui aime s'occuper de son potager peut entretenir jusqu'à une dizaine de carrés, voire plus, sans y consacrer tout son temps.

Dans un potager en carrés, tous les légumes sont à portée de main.

Variété et fraîcheur de rigueur

Petit potager ne signifie pas mini-légumes. Mais les légumes ne sont pas exactement les mêmes que ceux des potagers classiques. On privilégie les espèces et les variétés à croissance rapide, les légumes primeurs et l'on récolte jeune. Les betteraves, par exemple, sont récoltées quand elles ont la taille d'une balle de tennis et même moins, les salades tiennent dans la paume de la main, les courgettes sont ramassées quand elles atteignent 10 à 12 cm de long, les carottes sont grosses comme le pouce, les poireaux sont fins… Cela permet de récolter des légumes quasiment introuvables sur les étals des marchés, extrêmement tendres, goûteux. Comble du raffinement : ce sont les mêmes que les chefs cuisinent et servent à prix d'or dans leurs restaurants étoilés. Le rapport entre la surface cultivée et les récoltes est optimisé. Mais, avec un seul carré de 1,20 m de côté, n'attendez pas des récoltes pléthoriques. Une famille de 4 personnes qui mange en semaine uniquement le soir à la maison a besoin au minimum de 4 carrés bien entretenus et cultivés pour avoir de la verdure et des légumes frais pendant 8 à 9 mois.

Au menu du potager en carrés

Les légumes racines	betterave, carotte, radis rose et d'hiver
Les légumes fruits	concombre, tomate, courgette, haricot vert, aubergine, poivron, melon
Les légumes feuilles	épinard, poirée, poireau
Les aromatiques	cerfeuil, coriandre, ciboulette, basilic, persil
Les choux	chou-rave, chou de Chine, brocoli
Les salades	mesclun, roquette, laitue pommée, laitue à couper, mâche, laitue romaine, chicorée

Jardinage bio obligatoire

Toutes les techniques de jardinage bio sont appliquées.

- Le compost, en particulier, est important, car la terre est très sollicitée par les récoltes en continu.
- Les traitements chimiques sont bien sûr relégués aux oubliettes. Par principe d'abord, mais surtout parce que la surveillance quotidienne ne prend que 2 minutes et permet de régler instantanément les problèmes : les feuilles malades sont supprimées, les insectes enlevés.
- Les fleurs sont bienvenues si elles ne sont pas envahissantes (capucines, tagètes, pensées…) ; elles participent à la gestion naturelle du potager, car elles augmentent la biodiversité autour des légumes.
- On suit, dans la mesure du possible, un plan de rotation des cultures (voir page 30), pour ne pas faire se succéder sur la même case deux légumes ayant les mêmes besoins et les mêmes parasites.

Enfin, le jardinier a besoin de peu d'outils (tout se fait à la main) et de peu de graines à chaque fois.

Avantages et inconvénients

Le pour

☻ Vous n'avez pas de bonne terre, il n'y a que peu de soleil dans votre jardin, vous jardinez sur une terrasse ou même un balcon ? **Vous pouvez installer votre potager où bon vous semble.**

☻ La terre d'un potager en carrés se réchauffant vite, **vous pouvez cultiver des légumes primeurs.**

☻ Vous débutez, votre mobilité est réduite, vous n'avez que peu de temps à consacrer au jardinage, vous n'avez pas envie de vous salir ? Là encore, cette méthode est faite pour vous : **5 minutes par jour suffisent,** une fois le potager installé.

☻ **Vous n'aimez pas désherber, vous refusez de traiter vos plantes, travailler le sol est trop difficile pour vous…** rien de tout cela ne vous sera imposé avec le carré potager.

☻ C'est une merveilleuse méthode pour **initier les enfants au jardinage ou reconnecter des personnes âgées avec la terre,** les plantes, les saisons…

Le contre

☹ **Les récoltes seront moins importantes** que dans un potager classique, en lignes, mais vous ne recherchez pas la quantité.

☹ **Certains légumes ne sont pas faits pour cette méthode** (voir ci-dessous), mais rien ne vous empêche de les cultiver ailleurs.

☹ Il vous sera **difficile de partir plus d'une semaine** sans demander à un voisin ou ami de passer arroser… mais c'est la même chose pour tous les potagers !

☹ **La mise en œuvre demande un peu d'investissement** (des planches, du terreau) et de temps. Comptez une matinée pour acheter le matériel, le rapporter à la maison et monter un carré.

☹ Les légumes se renouvelant rapidement, **il faut prévoir des graines d'avance ou des semis en barquette.** L'idéal est d'installer une petite serre ou un châssis à côté, pour abriter les jeunes plants.

Les légumes à éviter

Artichaut : bien trop encombrant, occupe le sol trop longtemps. Mais il peut aller dans les massifs de fleurs.
Asperge : plante vivace qui occupe le sol en permanence, pour une récolte ne durant que 1 ou 2 semaines.
Cardon : légume géant, hors de proportion avec une case de 40 cm de côté.
Chou de Bruxelles : occupe sa case trop longtemps.
Fraisier : pour un saladier rempli de fraises, il faut un rang de 5 m au minimum.
Menthe : trop envahissante. Cultivez-la en pot à côté.
Petits pois : beaucoup d'effort pour quelques grains. C'est un légume fait pour les potagers classiques, à cultiver au minimum sur un rang de 5 m.
Pomme de terre : à cultiver aussi sur un rang de 5 m si l'on veut avoir de quoi faire quelques purées !
Potiron ou potimarron : géants, à faire pousser sur le côté du tas de compost.
Topinambour : vivace extrêmement envahissante.

Bien débuter son potager en carrés

Il est conseillé de prévoir un point d'eau à moins de 10 m de votre potager en carrés... En été, vous apprécierez !

Quand peut-on installer un potager en carrés ?

Ce type de potager s'installe presque en toute saison. Il faut juste éviter le plein hiver quand il gèle (mais qui a envie de jardiner à ce moment-là ?). Dans cet ouvrage, nous avons choisi de commencer en mars.

Où l'installer ?

- Il faut un endroit protégé des vents dominants (c'est particulièrement important près des côtes) et bien exposé au soleil. N'oubliez pas que la majorité des légumes demande entre 4 et 6 heures de plein soleil par jour.
- Ne l'installez pas trop loin de la maison, car l'expérience montre que l'on s'y rend bien plus souvent quand il est à portée de regard.
- Évitez la proximité des arbres et des arbustes dont les racines, attirées par la fraîcheur du terreau, vont venir explorer les carrés.
- Vous devez pouvoir tourner autour sans être gêné.
- Prévoyez un point d'eau à proximité. Même si le potager en carrés n'est pas un grand consommateur d'eau, en plein été, il est fastidieux de promener des arrosoirs remplis d'un bout à l'autre du jardin.
- Vous pouvez même l'installer sur un balcon, si vous bénéficiez de suffisamment de soleil. Veillez à ce que l'eau d'arrosage s'écoule du côté du trou d'évacuation des eaux de pluie du balcon.

Comment procéder ?

Si vous posez votre potager sur l'herbe, vous pouvez soit ôter cette dernière en bêchant, soit choisir l'option « zéro effort ». Si vous choisissez de démarrer au printemps, l'automne d'avant, installez les cadres et posez des cartons à terre, sur la pelouse. Recouvrez-les d'une bonne couche de compost ou de feuilles mortes. L'herbe privée de lumière va dépérir. Au printemps, les cartons se seront presque décomposés et la couche de matière organique aura nettement réduit en volume. Vous pourrez soit tout enlever et remplir le carré de terreau neuf, soit laisser cette couche si elle ne mesure que 10 cm de haut et verser le terreau par-dessus.

La bâche empêche la terre de s'échapper.

Une hauteur de 30 cm permet d'accueillir tous les légumes.

Un carré de 1,20 m de côté et de 30 cm de haut a un volume de 432 l.

Quelle terre pour votre carré ?

Un potager en carrés de 1,20 m de côté et de 30 cm de haut a un volume de 1,2 x 1,2 x 0,3 = 0,432 m^3 soit 432 l. La meilleure solution est d'acheter 6 sacs de 80 l de bon terreau pour potager et un sac de 20 l de billes d'argile ou de pouzzolane qui va empêcher le terreau de se tasser sous les arrosages et la pluie. Vous pouvez aussi ajouter, si vous en avez, du compost très mûr et finement tamisé (ne dépassez pas 40 l pour un carré) ou de la bonne terre de jardin (vous pouvez aller jusqu'à 50 % du volume total si c'est de la terre de potager, enrichie au fil des ans). Le terreau non utilisé vous servira à remplir de nouveau le carré, une fois les récoltes finies.

Achetez 6 sacs de terreau pour potager de 80 l.

Remplissez le carré jusqu'à 5 cm du bord.

Nivelez le terreau, tassez un peu avec une planche.

À ne pas faire

- Utiliser de la terre de remblai. Elle est stérile.
- Acheter du terreau premier prix. La qualité est rarement au rendez-vous et les plantes y poussent mal. C'est la pire des économies que vous puissiez faire !
- Planter dans du compost pur. Même très décomposé, même s'il ressemble à du terreau, le compost pur reste un substrat inapproprié pour les plantes et les semis. C'est en revanche un bon amendement, mais ne dépassez pas 15 à 20 % du volume total du terreau.

Arrosez légèrement avant de planter.

Et pour les légumes grimpants ?

Installez côté nord des treillages, solidement fixés au sol par deux sabots, sur lesquels il sera possible de palisser des haricots grimpants, un melon, des pois, des tomates. Ces treillages servent aussi à la mauvaise saison : vous y fixerez un voile d'hivernage, pour protéger les cultures en place. On peut bien sûr fabriquer son treillage, mais les jardineries en vendent à petits prix qui sont très pratiques.

Le petit plus : la haie fruitière

Si vous avez suffisamment de place et de soleil, formez une haie de petits fruits autour de votre ou de vos carrés potagers. Choisissez des cassissiers et des groseilliers qui sont des arbustes restant sagement en place, à la différence des framboisiers qui, chaque année, envoient de nouvelles tiges explorer les alentours. Comptez un plan tous les 80 cm ou tous les mètres et plantez des fraisiers en couvre-sol. Les fraises des bois, rouges ou blanches, font partie des couvre-sol les plus solides qui soient, capables de tenir tête même au lierre le plus coriace ! Comptez au départ un pied de fraisier tous les 50 cm : l'année suivante, la terre sera couverte.

Le groseillier produit dès la deuxième année de plantation et pendant plus de 30 ans !

Les haricots d'Espagne, aux fleurs rouges, sont très décoratifs et forment un bon brise-vent. Ils sont comestibles, mais ce ne sont pas les plus savoureux ! Cueillez-les très jeunes.

Structures et dimensions

La citronnelle de Madagascar, aux longues tiges fines, se glisse dans le plus petit espace et ne fait pas d'ombre aux légumes voisins.

Ce mini-carré est dédié aux basilics, à la citronnelle et aux pélargoniums à feuillage odaorant.

Des carrés modulables

Le premier carré de Mel Bartholomew mesurait 1,20 m de côté et était divisé en 16 petites cases de 30 cm de côté. Nous avons volontairement choisi dans cet ouvrage un carré avec 9 cases de 40 cm de côté chacune, pour des récoltes un peu plus conséquentes et une simplification des plantations.

Nous vous conseillons de commencer avec un seul carré. Si vous vous prenez au jeu, nul doute que, la saison prochaine, vous installerez 2, voire 4 carrés !

Mais vous ne devez pas vous arrêter à une forme carrée. S'il est plus pratique pour vous d'avoir un potager rectangulaire, de 2 m de long et 40 cm de profondeur, pourquoi pas ? Même chose, si vous le préférez triangulaire. À vous de voir ce qui vous convient ! Il peut y avoir autant de potagers en carrés que de jardiniers, tant que vous respectez la règle d'or : pour ne pas avoir à marcher sur la terre, si le potager est accessible des deux côtés, sa largeur ne doit pas excéder 1,20 m (60 cm étant environ la longueur d'un bras). Appropriez-vous les bases de la méthode, adaptez-les, poussez le concept… Votre bon plaisir ou vos besoins sont vos seuls guides… après la nature. Pour un balcon, un mini-potager de 60 ou 80 cm de côté, avec 4 cases au total, de 30 ou 40 cm de côté, est suffisant.

Voici les différentes formes que peut prendre votre potager « en carrés »

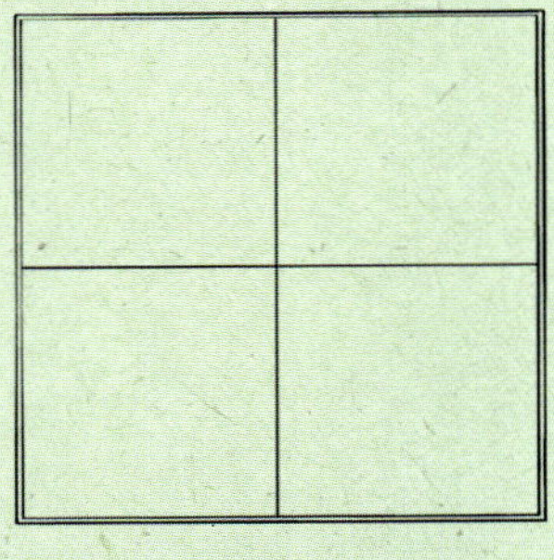

Un carré de 2 x 2 cases = 4 cases, pour un mini-potager de balcon.

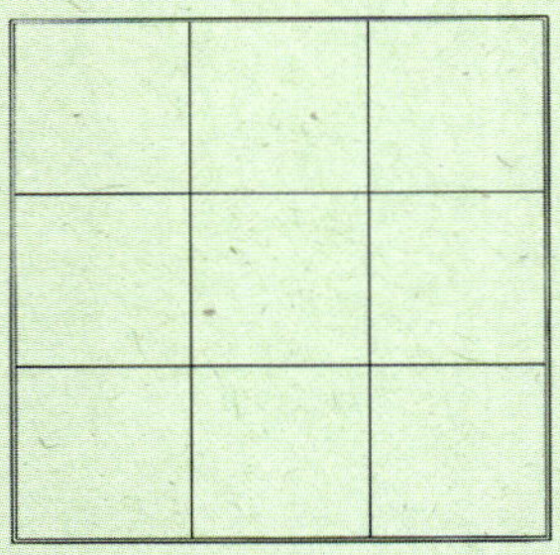

Un carré de 3 x 3 cases = 9 cases.

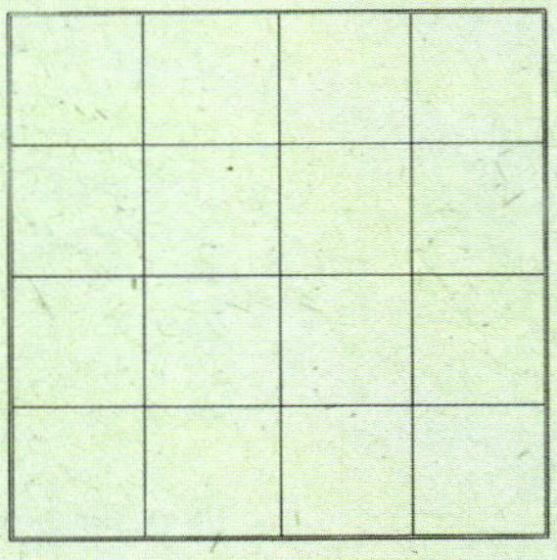

Un carré de 4 x 4 cases = 16 cases.

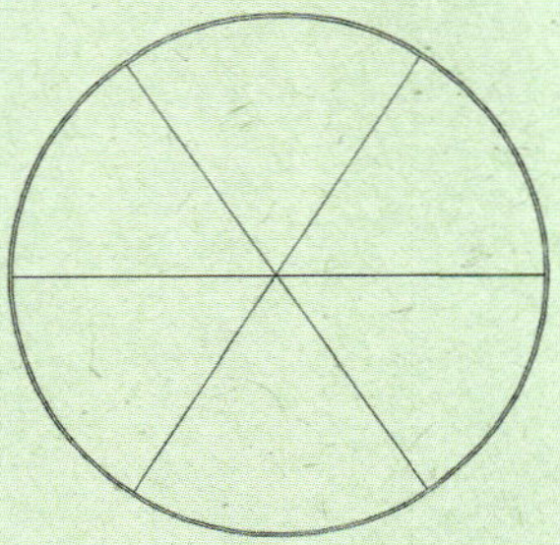

Un cercle de 1,20 m de diamètre, divisé en parts.

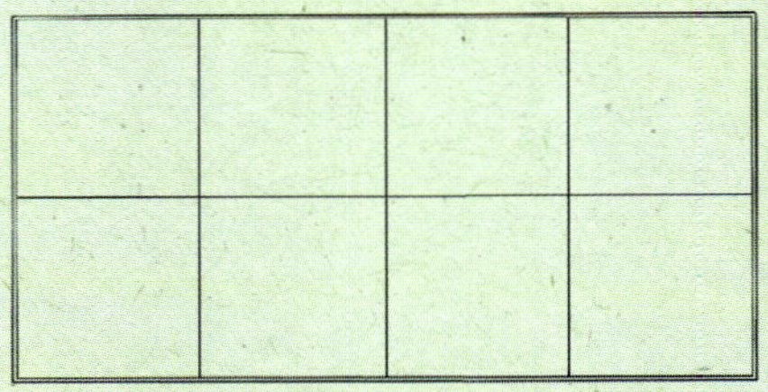

Un rectangle de 3, 4 ou 5 x 1 ou 2 cases.

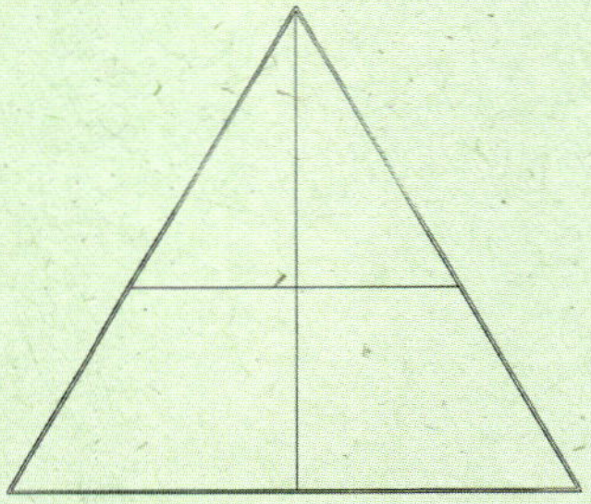

Un triangle équilatéral de 1,20 m de hauteur

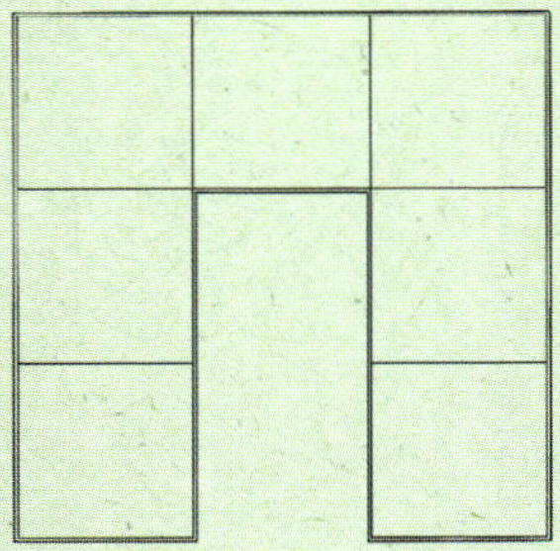

7 cases disposées en « U » avec un vide au milieu pour les petits espaces

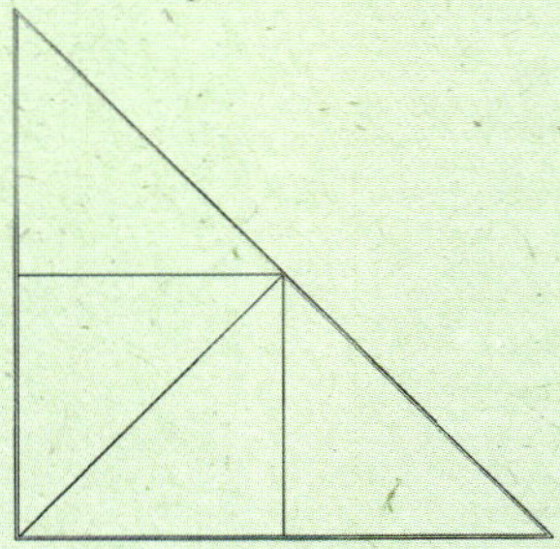

Un triangle rectangle de 1,20 m de hauteur et de base.

Des allées indispensables

Si vous avez plusieurs carrés, il est important de faire des allées aussi larges que possible. Tous les légumes un peu volumineux, comme la courgette de Nice, pourront pousser sur l'extérieur. Cette dernière, par exemple, s'étale sur plus de 1 m^2. Il faut donc au minimum une allée de 1 m. La surface des allées peut être laissée en herbe, il faudra alors pouvoir passer la tondeuse et nettoyer les bords des carrés à la cisaille à gazon ou au coupe-bordure à fil. Vous pouvez aussi choisir de décaper l'herbe et de dérouler un feutre horticole, pour empêcher les mauvaises herbes de pousser, puis d'épandre des écorces de pin, par exemple, qui restent toujours sèches et souples sous les pas. Avec un carré de 1,20 m de côté et des allées de 1 m, l'ensemble de votre petit potager occupe, tout compris, une surface d'un peu plus de 10 m^2.

Courgettes et potirons, trop envahissants, poussent à l'extérieur du potager.

Le grand avantage des allées dallées, c'est que les limaces ne peuvent y trouver refuge comme dans l'herbe... et l'on a toujours les pieds au sec !

Les différents types de potagers en carrés

Le potager en bois brut

- Le bois doit être naturel, non traité, en pin ou en douglas (alias pin d'Oregon), un bois facile à se procurer et l'un des résineux les plus durables. Prenez des planches épaisses d'environ 3 cm (en dessous, c'est un peu mince et fragile).
- Les planches peuvent être assemblées par diverses méthodes : équerres, cornières d'angle, tasseaux vissés. N'utilisez pas de clous, qui rouillent et se déchaussent, mais des vis en inox, qui ne rouillent pas (prenez des Spax®-D, les plus solides, qui pénètrent facilement dans le bois et faites un avant-trou, car l'inox reste un métal tendre).
- Si vous ne trouvez pas de planches de 25 ou 30 cm de large, vous pouvez empiler deux cadres de planches de 15 cm de large, que vous assemblerez dans les angles intérieurs par des cornières vissées.
- Prenez soin de tapisser les parois intérieures du carré d'un voile géotextile (100 g/m²), que vous agraferez, pour protéger le bois.

Le potager en bois peint

Il participe alors à la déco et à l'ambiance du jardin. Dans la mesure du possible, prenez des peintures naturelles. On peut même trouver des peintures satinées ou brillantes à l'huile de soja et aux pigments minéraux, qui conviennent en extérieur.

Le bois peint affiche un parti pris décoratif, le bois naturel se fond dans le jardin.

Le potager en osier (saule), châtaignier ou noisetier tressé

Décoratif, il évoque les potagers du Moyen Âge. On trouve ces modèles, aussi appelés « en plessis », dans le commerce. Mais si vous disposez de suffisamment de rameaux de noisetier ou de châtaignier, il vous sera facile de construire vous-même votre potager, en une matinée ou deux. Enfoncez 4 fers à béton de 60 cm de long dans le sol, à 30 cm de profondeur, disposés en un carré de 1,30 m de côté (pour, qu'une fois fini, le carré ait une dimension intérieure de 1,20 m) et laissez-les dépasser de 30 cm. Sur chacun des 4 côtés, enfoncez 2 autres fers à béton espacés de 40 cm. Tressez les rameaux entre ces fers, sur une hauteur de 25 cm, en utilisant en premier ceux de fort diamètre. Tapissez les parois intérieures avec un voile géotextile pour ne pas que la terre s'échappe par les interstices à chaque arrosage. « Cousez-le » au plessis, avec un fil renforcé ou du fil de fer souple, pour ne pas qu'il glisse.

Le potager en toile de bâche

Pratique sur un balcon, pour une petite surface. Mais du fait de la faible hauteur de la bâche et de sa souplesse, la culture des légumes est limitée aux espèces qui se cueillent assez vite et ont des racines superficielles : radis, salades, mesclun, ciboulette...

De nombreux légumes envahissants peuvent être cultivés dans un potager en carrés à condition de les planter contre le bord pour qu'ils se développent à l'extérieur : courgettes, choux, mais aussi physalis ou capucines...

Avec quoi traiter le bois ?

Les potagers en carrés en bois que l'on trouve dans le commerce sont presque tous en pin. Et lorsque l'on veut en construire un soi-même, les planches que l'on achète facilement dans les grands magasins de bricolage sont également en pin. C'est un bois qui ne dure pas longtemps. L'idéal est cependant de ne pas prendre du bois traité. Achetez des planches dans une scierie, par exemple, et passez-les juste à l'huile de lin. L'huile va (dans une certaine mesure seulement) imperméabiliser le bois, tout en le laissant respirer. Ne soyez pas surpris : l'huile de lin fait foncer le bois. Vous pouvez aussi utiliser un mélange à parts égales d'huile de lin et d'essence de térébenthine. Si vous trouvez des planches de châtaignier, d'acacia, de mélèze, de douglas, c'est l'idéal, car ces bois sont naturellement résistants. Mais ils sont difficiles à dénicher et plus chers que le simple pin.

Les règles d'or du potager en carrés

- Il ne doit pas dépasser 1,20 m de large pour que vous n'ayez pas à piétiner la terre.
- La hauteur : 20 cm sont un minimum. 25 cm sont préférables, car cette profondeur vous permet une plus grande diversité de légumes. Mais rien ne vous interdit de construire un potager de 30 cm de haut ou plus.
- Les subdivisions : il est pratique de matérialiser les mini-carrés ; vous pouvez le faire avec une ficelle tendue de bord à bord et tenue par des clous, ou par des baguettes de bambou ou de bois simplement posées sur la terre.
- Posez le potager sur la terre nue pour que l'eau de drainage s'écoule librement.
- Le niveau du potager doit être parfaitement horizontal pour que l'eau apportée sur une case ne ruisselle pas sur les cases voisines et que la terre reste bien en place.
- Si vous juxtaposez plusieurs carrés, prévoyez des allées de 80 cm de large au minimum.

Les outils et accessoires du potager en carrés

Pour un potager en carrés, vous n'avez pas besoin de la traditionnelle bêche ou fourche-bêche, car le terreau est meuble et se travaille avec une simple serfouette à main ou une griffe. Il vous faut plutôt un lot de petits outils à main, qui se glissent facilement entre les plantes.

Pour jardiner :

Des petits outils à main

- une griffe, pour gratter superficiellement la terre ;
- un plantoir, pour mettre en terre vos plants et vos bulbes ;
- un sécateur. Achetez un modèle de qualité parce qu'il continuera de couper des années après l'achat et parce que vous trouverez des pièces de rechange ;
- une pelle à terreau, indispensable pour recharger facilement le carré après les récoltes ;
- de la ficelle, un mètre, un marteau et des clous, pour tendre les ficelles qui délimitent les carrés ;
- des semoirs, pour disposer facilement les graines les plus fines à l'endroit exact où elles doivent pousser ;
- des étiquettes en plastique rigide, à planter, et un crayon gras, le seul qui tient toute la saison sans s'effacer.

Et aussi

- Un pulvérisateur à main (pas pour les traitements chimiques, mais pour le purin d'ortie) ;
- une paire de gants (certains légumes, comme la courgette, sont recouverts de poils piquants) ;
- des liens, pour tuteurer les légumes grimpants (une bobine de raphia, par exemple) ;
- un seau de jardin. Il en existe en plastique souple, très pratiques ;
- une cisaille à gazon, pour tailler l'herbe à ras le long des bords du potager ;
- un arrosoir ;
- des tuteurs. Les tuteurs en spirale sont très pratiques pour les tomates, mais aussi les poivrons et les aubergines qui s'écroulent, en fin de saison, sous le poids des fruits et du feuillage. Pour des plantes comme le basilic, un petit tuteur rond suffit à maintenir la plante droite ;
- un cordeau, pour aligner plusieurs potagers ;
- un rouleau de voile d'hivernage.

Griffe
Vilmorin
Sécateur
Crayon
Étiquettes
Ficelle
Pelle à terreau
Semoirs
Mini-pots
pour les semis
Plantoir
Marteau

Le coin compost

Comme tout potager, celui en carrés a besoin d'« annexes » : le coin compost est le haut lieu de la vie du jardin, et le châssis complète avantageusement le carré.

Le coin compost n'a pas besoin d'être tout à côté du potager. Installez-le à l'ombre, dans un coin retiré du jardin. Le système le plus pratique est constitué de planches dont les extrémités s'imbriquent en angle droit, les unes dans les autres.

Comment réussir son compost ?

- Posez-le sur la terre, pas sur une dalle.
- Mélangez les matériaux pour qu'ils soient aussi diversifiés que possible. Dans l'idéal, il faut alterner des couches de matériaux « bruns », contenant plutôt du carbone (branches, feuilles mortes, cartons, paille) avec des matériaux « verts », contenant plutôt de l'azote (gazon, herbe fraîche, mauvaises herbes, déchets de cuisine). Pour commencer, alternez, par exemple, une couche de broyats de rameaux (20 cm), une couche de gazon (10 cm), une couche de feuilles mortes (30 cm), une couche de débris de cuisine (10 cm), une couche de tiges de graminées sèches (20 cm) : vous ne devriez pas être très loin d'un bon équilibre.
- Couvrez avec des cartons ou de la paille, pour une meilleure décomposition.
- N'y mettez jamais de matières d'origine animale, sauf les coquilles d'œufs broyées.
- Arrosez pour que le tas soit toujours un peu humide.
- Brassez-le une fois tous les 2 mois, en remettant au centre les matières les moins décomposées.

Vous vous servirez de ce compost dans 6 mois pour nourrir le terreau du carré. Attention, tous les légumes n'ont pas les mêmes besoins !

Exigence des légumes en compost

Légumes peu exigeants
ail, chou de Bruxelles, cresson, échalote, fève, haricot, mâche, navet, oignon, radis

Légumes moyennement exigeants
betterave, bette, carotte, chicorée, laitue, pois

Légumes exigeants
aubergine, chou pommé, chou-rave, toutes les cucurbitacées, épinard, fenouil, fraise, maïs, piment, poivron, tomate

Avec quoi remplir la case à compost ?

	Type	Remarques
Tontes de gazon	Vert	OUI : si elles sont sèches. NON : si elles sont très humides et compactées (dans ce cas, laissez-les sécher 3 jours à terre, en couche mince).
Débris de culture des légumes	Vert	Les trognons de choux et les légumes racines ou tubercules se décomposeront plus vite s'ils sont hachés grossièrement.
Terreau ancien, provenant de cultures de légumes en pots	–	OUI : si les légumes n'étaient pas malades. Brisez les mottes et éparpillez la terre.
Mauvaises herbes	Vert	OUI : si elles n'ont pas leurs racines. NON : si les racines sont fraîches et prêtes à se réenraciner. Faites sécher quelques jours auparavant pour détruire les racines. NON : si elles sont en graine.
Déchets de cuisine	Vert	OUI : toute matière végétale, sauf les tubercules qui se décomposent très lentement (hachez-les avant). NON : toute matière animale (sauf les coquilles d'œufs), car elle attire les rongeurs.
Tiges de grandes fleurs ou légumes (tournesols, maïs)	Brun	Laissez les têtes des fleurs de tournesol pleines de graines aux oiseaux pour l'hiver.
Paille	Brun	Mouillez-la avant.
Feuilles mortes	Brun	Laissez-en une partie au pied des haies, une autre partie en paillage sur les massifs et le potager en carrés.
Aiguilles de conifères	Brun	Donne un terreau très acide. Convient pour les plantes de terre de bruyère et les fraises.
Cendres de bois	–	Riches en potasse et en chaux. À appliquer uniquement en saupoudrage et à petites doses.
Rameaux broyés	Brun	Évitez les branches malades. Laissez quelques rameaux non broyés, verticaux ou horizontaux, qui servent de « cheminées d'aération » pour le compost.

Châssis et paillage

Bon à savoir : le paillage

Le paillage va vous servir à protéger la terre, essentiellement du dessèchement en été. Une petite aire de stockage, à côté du tas de compost, vous sera utile pour entreposer des matériaux de récupération (feuilles mortes, tontes de gazon sèches, broyat de rameaux, tiges de graminées sèches, qui remplacent la paille) pour les faire sécher, ou attendre d'autres matériaux complémentaires.
Quels sont les matériaux adaptés aux potagers en carrés ? Tous ceux qui sont organiques ou presque. La paille par exemple, n'est pas recommandée, car elle se loge mal dans le carré et vole au vent au premier souffle. Selon les saisons, vous utiliserez du compost (au printemps), des tontes de gazon sèches, en couche fine, des petits rameaux broyés fins, des feuilles mortes (en automne) ou des feuilles de fougère (les limaces et les escargots ne les aiment pas…).

Le châssis, un avantage

Le châssis est un vrai plus pour le jardinier. Sous ce mot un peu technique se cache un simple coffre en bois, parfois en briques ou en pierres, dont le côté arrière est plus haut que celui de devant, pour une meilleure pénétration des rayons du soleil, et qui est recouvert d'un toit transparent, en verre ou plastique. Le châssis permet de prolonger la saison de culture, en la démarrant tôt et en la prolongeant après les premiers froids.

- On peut lancer les semis précoces, qui sont très utiles dans un potager en carrés.
- On peut faire démarrer des cultures même par temps frais.
- Il permet de cultiver et récolter hors gel.
- Il préserve les jeunes plants de la voracité des limaces.
- Il permet d'endurcir les semis démarrés à l'intérieur.
- Il est utile pour hiverner les plantes un peu fragiles et prolonger un peu la production (herbes aromatiques par exemple).

Le châssis idéal

- Il doit être exposé au sud, sud-est ou sud-ouest, pour bénéficier des rayons du soleil en hiver et, si possible, être protégé des vents froids.
- Il doit avoir un couvercle qui se soulève sans trop d'efforts.
- Si l'on peut, il faut l'adosser contre un mur qui emmagasinera la chaleur le jour pour la restituer la nuit.
- Il doit être assez haut (30 cm devant, 60 cm à l'arrière) et large d'au moins 70 à 80 cm.
- Si on peut l'enterrer en partie, c'est encore mieux, car le sol conserve la chaleur.
- Dotez le toit (qui peut être une fenêtre vitrée récupérée) d'une solide poignée pour le soulever, et le coffre d'une béquille repliable, pour maintenir le châssis ouvert.

La rotation des cultures, un principe de base

La rotation des cultures, en agriculture ou en maraîchage, consiste à faire se succéder, à un même endroit, des végétaux qui appartiennent à des familles botaniques différentes.

De nombreux avantages

- Les parasites, qui sont souvent inféodés à une famille de plantes et survivent d'une année sur l'autre sur leur espèce de prédilection, sont freinés dans leur développement, car ils ne retrouvent plus leur plante hôte à la saison suivante. La rotation va permettre d'« assainir » la situation en réduisant les populations de parasites.
- Tous les légumes n'ont pas les mêmes besoins nutritifs : certains sont très gourmands alors que d'autres se satisfont de peu. Certains consomment beaucoup d'azote (ce sont les légumes feuilles), d'autres demandent beaucoup de potasse (légumes racines) ou de phosphore (légumes fruits), ou des oligoéléments. Cultiver plusieurs années de suite le même légume au même endroit va appauvrir le sol, spécialement en un élément particulier. La rotation des cultures permet d'atténuer cet appauvrissement.
- Enfin, tous les légumes n'exploitent pas les mêmes couches du sol : certains ont des systèmes racinaires profonds (carottes), d'autres superficiels (mâche). La rotation permet d'utiliser au mieux toutes les couches du sol.

Des familles à connaître

Famille	Légumes
Alliacées	ail, oignon, poireau, ciboule, ciboulette, échalote
Apiacées	aneth, carotte, cerfeuil, céleri, fenouil, persil
Astéracées	artichaut, salades (laitue, chicorée, à couper, batavia, scarole, frisée), tournesol, estragon
Brassicacées	choux, roquette, radis, navet, cresson alénois et de jardin
Chénopodiacées	bette, betterave, épinard
Cucurbitacées	courge, pastèque, pâtisson, potimarron, courgette, concombre, cornichon, melon, potiron
Fabacées	fève, haricot, lentille, pois, trèfle
Lamiacées	basilic, lavande, menthe, romarin, thym
Poacées	blé, seigle, avoine, citronnelle
Polygonacées	oseille, rhubarbe
Rosacées	fraisier, framboisier, ronce
Solanacées	aubergine, piment, pomme de terre, poivron, tomate
Valérianacées	mâche
Zéacées	maïs

Mais il est parfois difficile d'établir un système de rotation tant les critères qui président à sa mise en place peuvent être nombreux et complexes. En effet, on peut aussi classer les légumes différemment, en fonction des parties produites et récoltées, et certains jardiniers se basent sur ce critère. Car les racines, les feuilles et les fruits ne demandent pas les mêmes éléments pour se former.

Classification des légumes selon leur nature		
Légumes feuilles	consomment principalement de l'azote	chicorée, laitue, choux à feuilles, bette, poireau, fenouil, persil, épinard, endive, mâche, ciboulette
Légumes racines (tubercules, bulbes)	consomment principalement de la potasse	ail, oignon, échalote, carotte, betterave, radis, pomme de terre, navet
Légumes fruits	consomment principalement du phosphore et de la potasse	tomate, fraisier, courgette, aubergine, melon, poivron, piment
Légumes graines	consomment principalement du phosphore et de la potasse	haricot, pois, maïs, fève

Tableau récapitulatif des légumes du potager en carrés

Vous trouverez regroupées dans ce tableau toutes les indications nécessaires sur les familles des légumes, les plantes à leur associer éventuellement, les dates de semis et de récoltes et les variétés intéressantes à cultiver dans un potager en carrés.

Légume / famille	Catégorie	Plante compagne à installer à proximité	J	F	M	A	M	J	J	A	S	O	N	D
Ail Alliacées		Fraisier		▲	▲			◆	◆	◆	▲	▲	▲	
Arroche Chénopodiacées		–			■	■	■ ◆	■ ◆	■ ◆	■ ◆	■ ◆	◆		
Aubergine Solanacées		Haricot vert	●	●	●	●	▲		◆	◆	◆	◆		
Basilic Lamiacées		Concombre	●	●	●	●	▲ ◆	▲ ◆	▲ ◆	▲ ◆	◆	◆		
Bette (ou poirée) Chénopodiacées		Échalote			■	■ ▲	■ ▲	■ ▲	■ ▲	◆	◆	◆	◆	
Betterave Chénopodiacées		Oignon, chou-rave			●	■ ▲	■ ▲	■ ▲ ◆	■ ▲ ◆	◆	◆	◆		
Brocoli Brassicacées		Céleri			●	● ■ ▲	■ ▲	■ ▲ ◆	◆	◆	◆	◆	◆	

Légume bulbe | Légume feuille | Légume fruit | Légume fleur | Légume racine | Légume graine

■ = semis en pleine terre
● = semis sous abri (maison, serre froide, châssis, cloche, voile de forçage… selon les légumes)
▲ = plantation (les plants peuvent provenir des semis faits précédemment ou de plants achetés dans le commerce)
◆ = récolte

J	F	M	A	M	Nos conseils et remarques
					Le choix des variétés est important : l'ail blanc et l'ail violet se plantent en automne, le rose au printemps. L'intérêt du potager en carrés est de récolter des aillets (l'ail sous forme de pousse verte, quand il ressemble encore à un jeune poireau) ou de l'ail très jeune, difficilement trouvables dans le commerce.
					Ne les laissez pas pousser en hauteur et consommez-les en salade quand les pousses sont jeunes et tendres.
					Essayez l'aubergine blanche ('Blanche Ronde à Œuf', par exemple, chez Caillard), à la peau fine et au goût très doux, difficilement trouvable dans le commerce en fruits, mais excellente !
					Essayez la variété 'Pistou' de Vilmorin, très parfumée, à petites feuilles et très compacte, idéale dans un potager en carrés.
					Les bettes colorées sont très décoratives, mais prennent de la place. Choisissez plutôt la bette épinard, ou 'Verte à Couper', qui produit des feuilles très vertes se récoltant au fur et à mesure de la pousse et qui se consomment à la façon des épinards.
					Prenez la variété 'Grenade' (Vilmorin), facile à réussir. Cette variété précoce produit une racine sphérique de taille moyenne avec une chair fine rouge foncée, excellente. Elle résiste bien aux maladies. Récoltez quand la racine a la taille d'une balle de tennis. Un truc pour éviter la montée en graine, qui stoppe net la production : attendez que le sol soit suffisamment réchauffé (10 °C) pour semer.
					Choisissez une variété qui produit vite, comme 'Green Magic', que l'on peut récolter 3 mois après le semis. Le semis en place est préférable.

Légume / famille	Catégorie	Plante compagne à installer à proximité	J	F	M	A	M	J	J	A	S	O	N	D
Carotte Apiacées		Tous les légumes de la famille des alliacées : oignon, poireau, échalote, ciboulette	●	●	●	■	■ ◆	◆	◆	◆	◆	◆	◆	◆
Céleri branche Apiacées		Chou-fleur			●	■ ▲	▲ ◆	▲ ◆	◆	◆	◆	◆		
Céleri-rave Brassicacées		Betterave		●	● ■	■ ▲	■ ▲	■ ▲	▲ ◆	◆	◆	◆	◆	
Chou cabus Brassicacées		Aromatiques	●	●	●	■ ▲	■ ▲	■ ▲	■ ◆	◆	■ ◆	◆	◆	◆
Chou de Milan Brassicacées		Tomate			■	■ ▲	■ ▲	■ ▲	▲	◆	◆	◆	◆	◆
Chou-rave Brassicacées		Betterave			■	■ ▲	■ ▲	■ ▲	▲ ◆	◆	■ ◆	■ ◆	◆	
Chou rouge Brassicacées		Céleri, tomate			■	■ ▲	■ ▲	■ ▲	▲ ◆	◆	◆	◆	◆	◆
Ciboulette Alliacées		Carotte	◆	■ ▲ ◆	■ ▲ ◆	■ ▲ ◆	■ ▲ ◆	■ ▲ ◆	■ ▲ ◆	■ ▲ ◆	■ ▲ ◆	■ ▲ ◆	■ ▲ ◆	◆
Concombre Cucurbitacées		Salade			●	●	■ ▲	■ ▲	◆	◆	◆	◆		

J	F	M	A	M	Nos conseils et remarques
					Choisissez des variétés demi-longues, comme 'De Chantenay' et ses hybrides. Les longues conviennent dans un potager assez profond (30 cm au moins).
					Optez pour une variété au port érigé, qui ne partira pas trop à l'horizontale, comme 'Darklet' aux côtes larges et charnues, précoce.
					Prenez une variété à croissance rapide, comme 'Ibis' de Vilmorin.
			◆	◆	'Tête Sucrée' est une variété au goût un peu sucré. À placer dans un carré extérieur.
					Essayez 'Cantasa' (Magellan), semi-tardif, aux pommes de 1 à 2 kg, très résistant au froid et donc adapté aux productions d'automne-hiver. Plantez-le sur le bord.
					Choisissez des variétés qui poussent vite, comme 'Blanc Hâtif de Vienne' ou 'Quickstar'.
					'Red Jewel' chez Caillard est une variété précoce. C'est aussi l'une des plus compactes.
					La ciboulette est vivace : plantez une touffe à chaque coin, pour laisser libre les carrés.
					À faire pousser sur un treillage et à récolter jeune, long d'une dizaine de centimètres. Pour éviter les attaques de mouches, plantez quand il fait suffisamment chaud pour permettre une croissance rapide des plantes. 'Robin' (Caillard) est précoce, rustique et donne des fruits courts de 14 à 18 cm.

■ = semis en pleine terre
● = semis sous abri (maison, serre froide, châssis, cloche, voile de forçage… selon les légumes)
▲ = plantation (les plants peuvent provenir des semis faits précédemment ou de plants achetés dans le commerce)
◆ = récolte

Légume / famille	Catégorie	Plante compagne à installer à proximité	J	F	M	A	M	J	J	A	S	O	N	D
Courgette Cucurbitacées		Radis			●	●	■ ▲	▲	◆	◆	◆	◆		
Cresson alénois Brassicacées		Lin		■	■	■ ◆	■ ◆	■ ◆	■ ◆	■ ◆	■ ◆	■ ◆	◆	
Cresson de jardin Brassicacées		–			■	■		◆	◆	◆	◆	◆	◆	
Échalote Alliacées		Laitue, carotte		▲	▲				◆	◆		▲	▲	▲
Épinard Chénopodiacées		Fraisier		■	■	■	■ ◆	■ ◆	■ ◆	■ ◆	■ ◆	■ ◆	◆	◆
Estragon Astéracées		La plupart des légumes			●	● ▲	■ ▲ ◆	■ ▲ ◆	▲ ◆	▲ ◆	◆	◆	◆	
Fève Fabacées		Choux, carotte, céleri		■	■	◆	◆	◆	◆	◆		■	■	
Haricot vert Fabacées		Sarriette					■	■	■	■ ◆	◆	◆		
Laitue à couper Astéracées		Tous les autres légumes sauf le céleri		●	●	● ▲ ◆	■ ▲ ◆	■ ▲ ◆	■ ▲ ◆	■ ▲ ◆	▲ ◆	◆	◆	

J	F	M	A	M	Nos conseils et remarques
					Essayez la 'Ronde de Nice', à planter sur le côté et qui occupera 1 m à l'extérieur.
					À semer au pied de cultures plus lentes comme les tomates. À mélanger en salade avec des feuilles de laitue, qu'il relèvera de son petit goût piquant.
					Plante vivace. En fin de saison, coupez les rosettes au ras du sol.
					La vraie échalote se plante et ne se sème pas : la grise se plante en automne, la rose en février-mars. L'échalion, à la saveur d'échalote moins prononcée, plus proche de l'oignon, se sème de février à avril et se récolte en août et septembre. Lors de la plantation, saupoudrez les sillons de cendre de bois mélangée à du soufre. Cela améliore la production et la qualité des bulbes, qui sont protégés de la pourriture.
◆					Faites bien attention aux variétés que vous choisissez : certaines sont à semer au printemps ('Junius'), d'autres en été et automne ('Géant d'Hiver'). L'épinard est gourmand en azote : arrosez avec du purin d'ortie.
					Seul l'estragon de Russie *(Artemisia redowski)* se sème (il a moins de saveur). L'estragon français *(A. dracunculus)* se plante.
		◆	◆	◆	Pincez les extrémités envahies de pucerons.
					Les variétés naines sont plus précoces que celles à rames.
					Préférez les plants en petites mottes, plus pratiques que les semis.

■ = semis en pleine terre
● = semis sous abri (maison, serre froide, châssis, cloche, voile de forçage… selon les légumes)
▲ = plantation (les plants peuvent provenir des semis faits précédemment ou de plants achetés dans le commerce)
◆ = récolte

Légume / famille	Catégorie	Plante compagne à installer à proximité	J	F	M	A	M	J	J	A	S	O	N	D
Laitue batavia grasse, romaine Astéracées		Tous les autres légumes sauf le céleri	●	●	●	● ▲	■ ▲	■ ▲ ◆	■ ▲ ◆	■ ▲ ◆	▲ ◆	◆	◆	
Laitue pommée Astéracées		Radis		●	● ▲	● ▲	■ ▲ ◆	■ ▲ ◆	■ ◆	■ ◆	■ ◆	◆		
Mâche Valérianacées		Poireau, céleri, tomate, choux							■	■	■ ◆	■ ◆	◆	◆
Maïs doux Zéacées	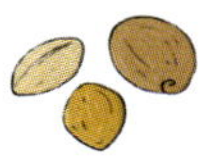	Courge				■	■			◆	◆			
Melon Cucurbitacées		Poireau		●	●	●	■ ▲	■ ▲	◆	◆	◆			
Mesclun Divers genres		–			●	■ ◆	■ ◆	■ ◆	■ ◆	■ ◆	■ ◆	● ◆	◆	◆
Navet Brassicacées		Pois		■	■	■	■ ◆	■ ◆	■ ◆	■ ◆	■ ◆	◆	◆	◆
Oignon blanc Alliacées		Bette (poirée)		■	■	■	◆	◆	◆	■ ◆	■ ◆	◆		
Oignon jaune Alliacées		Bette (poirée)			■	■	■		◆	◆	◆			

J	F	M	A	M	Nos conseils et remarques
					Sous châssis ou en plein air, les graines doivent lever en 4 jours au maximum. Sinon, passez un coup de râteau et recommencez les semis. En effet, si la levée est lente, vous aurez des plants fragiles qui vont finir par monter. C'est pourquoi il est préférable d'acheter ses plants.
					Plantez vos salades entre les échalotes ou les oignons : elles absorberont l'azote dont ces derniers n'ont pas besoin.
◆	◆	◆			Vous voulez récolter de la mâche toute l'année ? Semez la variété 'Palace' (Clause), très compacte, aux feuilles rondes et lisses.
					Un truc pour savoir quand le maïs est bon à récolter : observez le moment où les filaments du sommet commencent juste à sécher.
					'Savor' (Vilmorin) donne des melons très sucrés, au parfum sans égal. Très résistant à l'éclatement et poussant dans tous les sols. 'Escrito' (un type Charentais de Caillard) est aussi très sucré.
					À semer en continu, pour en avoir toujours un peu sous la main.
					En navets primeurs, choisissez 'Rouge Plat Hâtif à Feuilles Entières' (Vilmorin). En récolte d'automne, 'Jaune Boule d'Or' est un régal. Éclaircissez, pour que les navets se forment bien.
			◆	◆	'Pronto' (Vilmorin), semé en août ou septembre, se récolte dès le mois de mars.
					Pas forcément l'oignon à produire en premier, car il a un goût assez fort et n'est pas excellent cru. On en trouve partout à bas prix…

■ = semis en pleine terre
● = semis sous abri (maison, serre froide, châssis, cloche, voile de forçage… selon les légumes)
▲ = plantation (les plants peuvent provenir des semis faits précédemment ou de plants achetés dans le commerce)
◆ = récolte

Légume / famille	Catégorie	Plante compagne à installer à proximité	J	F	M	A	M	J	J	A	S	O	N	D
Oignon rouge Alliacées		Bette (poirée)			■	■ ◆	◆	◆	◆	■ ◆	■ ◆			
Persil Apiacées		Tomate	◆	● ◆	● ◆	■ ◆	■ ◆	■ ◆	■ ◆	■ ◆	■ ◆	◆	◆	◆
Pé-tsaï **Pak-choï** Brassicacées		–						■	■	■ ◆	◆	◆	◆	
Poireau Alliacées		Carotte			■	■	■ ▲	▲	▲	▲ ◆	◆	◆	◆	◆
Pois Fabacées		Fenouil, concombre, laitue, carotte			■	■	■	■	◆	◆				
Poivron Solanacées		Tomate, courgette, aubergine		●	●	●	▲	▲		◆	◆	◆		
Radis Brassicacées		Laitue			■ ◆	■ ◆	■ ◆	■ ◆	■ ◆	■ ◆	■ ◆	◆		
Tomate Solanacées		Aromatiques			●	●	● ▲	▲	◆	◆	◆	◆		

■ = semis en pleine terre
● = semis sous abri (maison, serre froide, châssis, cloche, voile de forçage… selon les légumes)
▲ = plantation (les plants peuvent provenir des semis faits précédemment ou de plants achetés dans le commerce)
◆ = récolte

J	F	M	A	M	Nos conseils et remarques
					L'oignon 'Rouge de Florence race Simiane', allongé et carmin, est l'un des plus doux.
					Laissez monter en graine quelques tiges pour récupérer les graines. Les semences fraîches germent bien.
					Achetez les graines en avance, car vous aurez du mal à trouver des plants en jardinerie… et même des sachets de graines ! Les meilleurs sont ceux qui poussent et se récoltent vite.
◆	◆	◆			Choisissez vos variétés avec soin : 'Jaune Gros du Poitou' est précoce et se récolte en fin d'été ; 'Géant d'Hiver' supporte le froid et se récolte en hiver.
					Choisissez des pois à grains ridés, qui sont plus tendres que ceux à grains ronds et se récoltent plus gros. Ils sont aussi nettement plus sucrés que les grains ronds.
					La variété 'Esterel' est vraiment facile à réussir. Les poivrons sont doux.
					Laissez au moins 4 cm entre les radis, car plus serrées, les racines sont moins belles.
					Les tomates les plus vigoureuses ont du mal dans un petit potager en carrés. Privilégiez les variétés à petits fruits et à croissance déterminée comme 'Roma'.

Grilles à photocopier

Carré 1

Carré 2

Carré 3

Carré 4

Carré 5

Carré 6

Carré 7

Carré 8

Carré 9

Carré 1	Carré 2	Carré 3
Carré 4	Carré 5	Carré 6
Carré 7	Carré 8	Carré 9

Carré 1

Carré 2

Carré 3

Carré 4

Carré 5

Carré 6

Carré 7

Carré 8

Carré 9

Carré 1	Carré 2	Carré 3
Carré 4	Carré 5	Carré 6
Carré 7	Carré 8	Carré 9

Carré 1	Carré 2	Carré 3
Carré 4	Carré 5	Carré 6
Carré 7	Carré 8	Carré 9

Carré 1

Carré 2

Carré 3

Carré 4

Carré 5

Carré 6

Carré 7

Carré 8

Carré 9

Carré 1	Carré 2	Carré 3
Carré 4	Carré 5	Carré 6
Carré 7	Carré 8	Carré 9

Carré 1

Carré 2

Carré 3

Carré 4

Carré 5

Carré 6

Carré 7

Carré 8

Carré 9

Mon potager en carrés mois par mois

MARS

La nature est bien faite : c'est au moment où tout se réveille que le jardinier se sent des fourmis dans les mains. Envie de gratter la terre, de semer, de planter… Cela tombe bien, votre potager en carrés n'attend plus que vous !

Pas à pas | Semez des épinards

1

Tassez la terre avec une planche en bois, car les graines d'épinard germent mieux sur un sol ferme.

2

Faites des trous avec le doigt tous les 10 cm, d'une profondeur de 2 cm.

3

Laissez tomber une graine dans chaque trou (à cette époque de l'année, choisissez une variété de printemps).

4

Recouvrez de terre et arrosez en pluie fine. Premières récoltes prévues 6 à 8 semaines plus tard.

LES TRAVAUX DU MOIS

- C'est le bon moment pour **construire votre ou vos carrés.** Si vous avez déjà votre potager en carrés, il est temps de le remettre en état.
- **Désherbez** tout autour des planches ou tondez l'herbe bien ras.
- **Débarrassez la terre de tous les débris** de l'hiver. **Aérez et décompactez-la** avec une grelinette ou une fourche-bêche. **Apportez une bonne dose d'amendement** à base de fumiers et d'algues, en respectant les doses inscrites sur le paquet.
- En début de mois, **passez commande de vos graines.**
- **Commencez tous vos semis en place** dans le potager.
- Démontez votre tas de compost pour **récupérer le compost mûr. Tamisez-le et épandez-le** en couche fine sur l'ensemble du carré.
- **Plantez des choux-raves,** mais pas profondément car c'est le collet qui se développe au-dessus du sol.
- **Prenez des notes** (variétés, dates de semis, fournisseurs, observations…). Vous serez content de les retrouver l'an prochain.

MARS

Semez vos premiers radis, par exemple 'Gloriette', rond et rouge comme une cerise, qui n'éclate jamais, ou 'Gaudo', une variété précoce, blanc et vermillon.

Plantez des laitues à couper, comme 'Feuille de Chêne Blonde à Graine Noire'.

Arrosez les carottes, semées en janvier sous abris.

Semez serré (2 cm de profondeur) une variété d'épinard comme 'Resistatou', la bien nommée, délicieuse en jeunes feuilles, ou bien 'Reddy', aux pétioles rouges et que l'on consomme uniquement crue, en jeunes pousses.

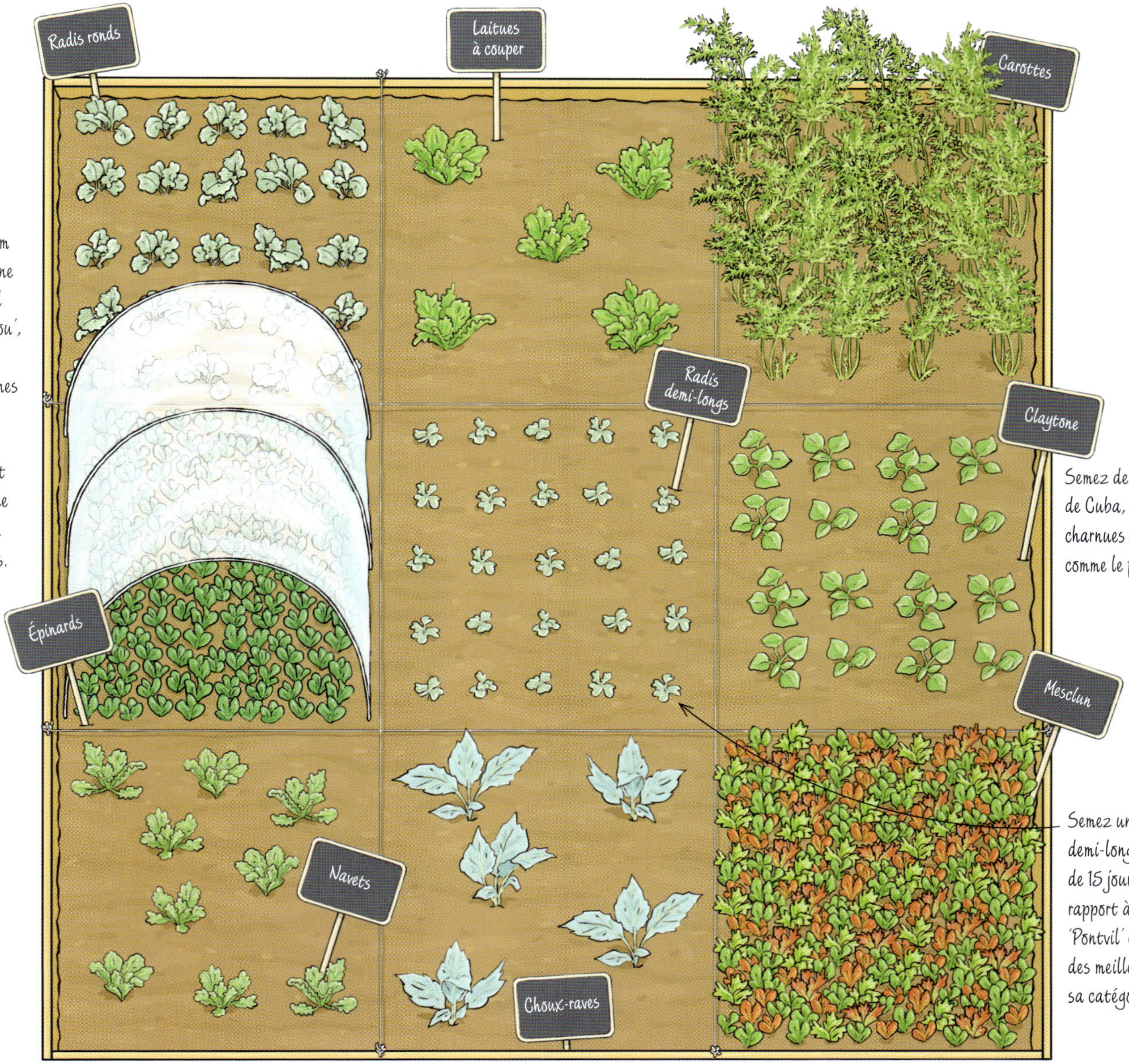

Semez de la claytone de Cuba, aux feuilles charnues et douces comme le pourpier.

Semez un radis demi-long, décalé de 15 jours, par rapport à la case 1. 'Pontvil' est l'un des meilleurs dans sa catégorie.

Semez des navets de printemps. 'Market Express' est une variété extra-hâtive, qui se récolte entre 30 et 50 jours après le semis, tendre, sucrée et croquante. 'Jaune Boule d'Or' est le chouchou des grands chefs, pour sa chair fondante, sucrée et parfumée. Il est récolté gros comme une mandarine, en 30 à 40 jours.

Repiquez des choux-raves. Le choix de la variété est important, certains mettant 8 mois à produire ! 'Quick Star' est extra-hâtif, sans fibre et moelleux.

Semez du mesclun. Saviez-vous que le « vrai » mesclun est niçois d'origine et que, traditionnellement, il doit comporter du cerfeuil et 7 variétés de salades, dont la roquette, obligatoirement ?

MARS

BON À SAVOIR

Les secrets du mesclun

Le succès d'un bon mesclun tient dans le mélange des saveurs, des couleurs et des textures des feuilles de salades. Mizuna, roquette et cresson alénois donnent un goût piquant. Pourpier, laitue et mâche apportent des saveurs douces. Scarole, pissenlit et chicorée trévise offrent l'amer, tandis que l'épinard, la feuille de chêne, la betterave et la tétragone (ou épinard d'été) montrent des parfums plus typés. Les jeunes feuilles de coriandre, de persil ou d'aneth apportent également leurs arômes délicats.

MARS

À NE PAS FAIRE

- Se précipiter pour remplir toutes les cases. Il fait encore bien trop froid pour de nombreux légumes.
- Noyer les navets dans le compost frais. La matière organique non décomposée nuit aux navets, qui attrapent alors toutes sortes de maladies possibles.
- Finir tout le paquet de graines de laitue dans la saison : ce n'est pas la peine, les graines de laitue ont une durée de vie de 5 ans.
- Laisser vos semis « se débrouiller seuls ». Il n'y a pas beaucoup de graines dans les cases, et s'il en manque, cela va « faire des trous ».
- Semer des petits pois dans votre potager en carrés. En effet, pour avoir un bol de petits pois, il faut au moins un rang de 5 m, incompatible avec le potager en carrés. À la limite, semez des pois de senteur sur un tipi, au milieu d'un carré.

À FAIRE

- Prenez un crayon et un papier, et faites tranquillement la planification sur l'année.
- N'ajoutez que du compost très mûr, où plus rien n'est reconnaissable, et pulvérisez de l'eau sur les feuilles pour décourager les altises qui trouent le feuillage.
- Achetez plusieurs variétés de laitues, ce n'est pas cela qui manque ! Vous éviterez la monotonie tout au long de l'année.
- Posez un voile de forçage sur vos semis : cela les protège efficacement du froid et des oiseaux, et permet aux plants de forcir en toute tranquillité.
- Préférez les mangetout, aux rendements bien meilleurs puisqu'on mange… tout ! Installez au nord du potager ceux qui grimpent et palissez-les contre un treillage. Sinon, prenez des mangetout qui restent à 50-60 cm de haut, comme 'Velour'.

EN MARS

Vous auriez aussi pu…

SEMER du **cresson** (3 graines par trou, 16 trous par case), pour des récoltes fin avril-début mai, de la **roquette** à la place de la claytone de Cuba, des **carottes primeurs**. PLANTER des **oignons** (9 bulbes par case), pour des récoltes en mai-juin. Commencer à FAIRE GERMER les **haricots** au chaud (puis à la lumière), à la fin du mois, pour les planter début mai.

LE GESTE DU MOIS

Halte aux matous !

Curieusement, l'un des pires dangers qui menace un potager en carrés, ce n'est pas la grêle, ni une attaque sournoise de maladies… Ce sont les oiseaux et surtout les chats, particulièrement en début de saison. Difficile pour eux de résister à cette litière souple, moelleuse et chaude… Pour vous éviter la crise cardiaque, anticipez ! Posez des branches de rosiers en travers, tous les 15 cm, en couvrant tout. Les chats n'étant pas idiots, ils comprennent vite que ces branches sont inamicales. Vous pouvez aussi tendre un filet par-dessus ou un grillage à poules, efficace aussi mais moins pratique.

Des vertus de l'éclaircissage…

Le jardinier s'est ici senti des envies de salades. Il a tout intérêt à commencer à les consommer immédiatement, au fur et à mesure qu'il éclaircit son semis… Il va, sinon, se retrouver avec une pleine cagette de salades dont il ne saura que faire ! Il faut dégager en priorité au moins 3 ou 4 carrés, qui pourront accueillir, au choix, un semis de radis, de betteraves, de carottes (si on les protège avec un voile), de laitues à couper feuille à feuille, d'épinards (prenez, par exemple, la variété 'Lazio', qui pousse vite et résiste à la plupart des maladies des épinards), de fèves, de navets de printemps, qui seront bons à récolter en mai, des repiquages de chicorées frisées, de scaroles, de laitues forcées, un semis de choux-fleurs en climat doux… On peut également planter un godet de persil acheté en jardinerie. Les cloches seront récupérées après désinfection par un lavage à l'eau et au savon, pour protéger les plants les plus fragiles (carottes, persil, salades repiquées).

MON POTAGER EN CARRÉS

AVR.

mois par mois

Ça y est, vous êtes vraiment dans le grand bain, seul maître à bord après la nature… Votre carré se remplit, les plantes commencent à pousser, voire à donner… Ce n'est pas si compliqué ! L'important est maintenant de tenir la barre les mois qui viennent.

Pas à pas | Éclaircissez vos navets

Arrosez un peu la terre afin de facilité l'arrachage des jeunes plantules.

Arrachez en tirant simplement sur les plantules en surnombre.

Vous pouvez également couper les plantules aux ciseaux. Les racines des plants restants ne sont pas bousculées.

Enfin, tassez la terre avec la main pour raffermir le sol.

LES TRAVAUX DU MOIS

- **Arrachez quelques épinards et semez des radis.** N'oubliez pas d'arroser (s'il ne pleut pas) pour récolter des radis doux et qui ne soient pas creux.
- **Commencez à semer au chaud,** dans la maison, la véranda ou la serre, les tomates, les aubergines, les concombres et les melons, si vous ne voulez pas les acheter ou désirez des variétés spéciales. Une fois que les plants ont 2 feuilles, donnez-leur autant de lumière que possible pour qu'ils ne s'étiolent pas.
- **Allez faire un tour dans les jardineries.** En cette saison, les arrivages sont fréquents et ils ont parfois des variétés de légumes intéressantes, en plants ou en godets.
- **Désherbez** ou tondez à ras les bords du potager, contre les planches, car c'est à cet endroit que se réfugient les limaces et les escargots.
- **Mettez en place,** si ce n'est déjà fait, **un récupérateur d'eau,** au pied de la gouttière de la maison ou du cabanon : vous allez en avoir bientôt besoin.

Cueillez les radis au fur et à mesure, mais continuez à bien arroser et à protéger d'un soleil trop vif (même en avril, c'est possible !), pour que les derniers ne creusent pas.

Cueillez les dernières laitues à couper. Vous pouvez éventuellement semer des haricots verts nains à filets pour gagner du temps, sur place si c'est possible ou en godets. Prenez 'Triomphe de Farcy', un classique qui a fait ses preuves.

Récoltez les carottes au fur et à mesure.

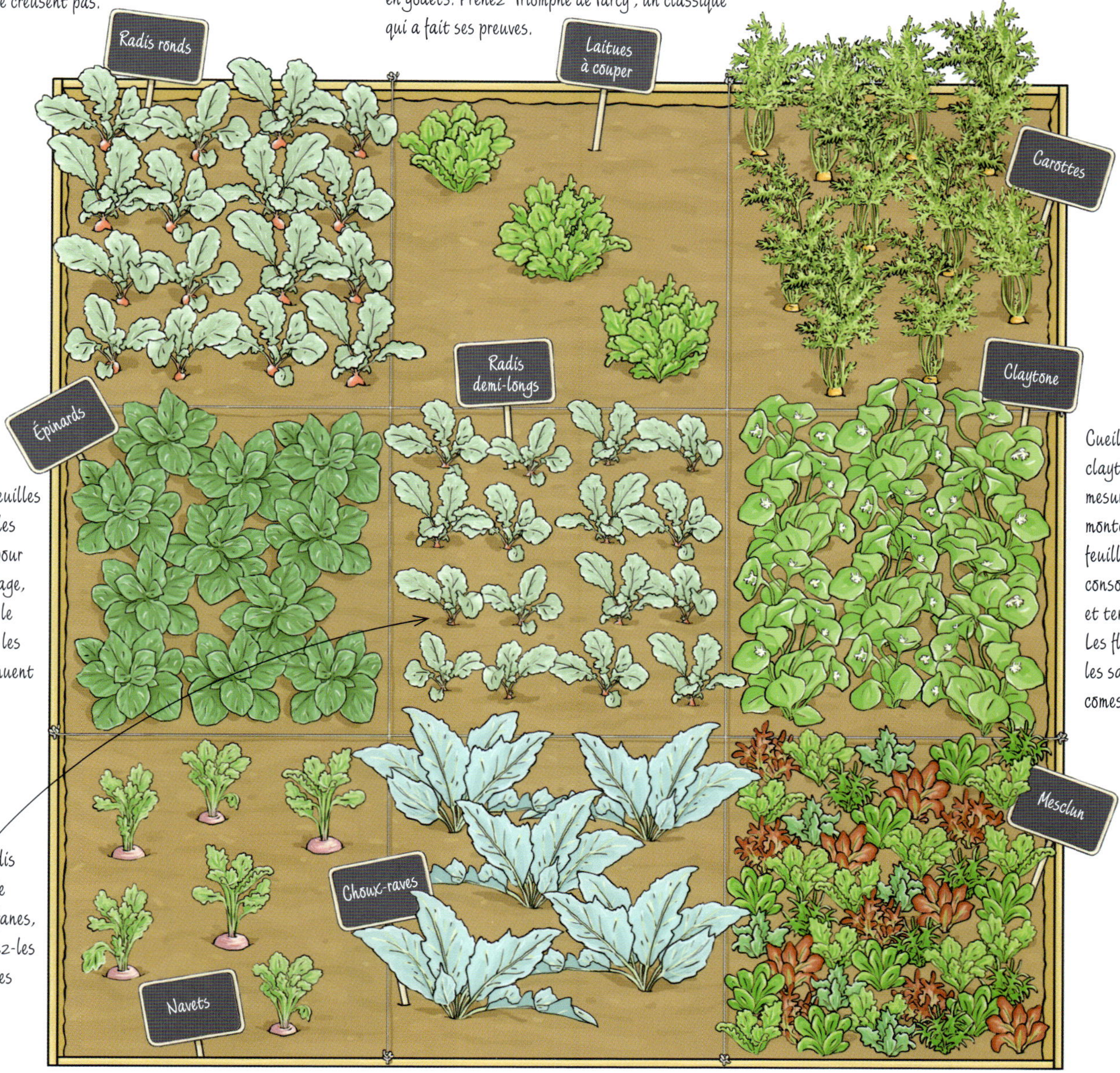

Cueillez les feuilles des épinards les plus grosses pour aérer le feuillage, en préservant le cœur afin que les feuilles continuent de pousser.

Cueillez la claytone au fur et à mesure. Même si elle monte en graine, les feuilles sont encore consommables et tendres. Les fleurs décorent les salades (et sont comestibles).

Finissez de cueillir les radis demi-longs. Ne jetez pas les fanes, mais incorporez-les dans vos soupes de printemps.

Arrosez tous les jours vos navets de printemps pour déloger l'altise qui fait des trous dans les feuilles. Espacez les plants, car des navets trop serrés ne grossissent pas.

Les choux-raves poussent beaucoup plus vite que les choux classiques. Apportez-leur du purin d'ortie.

Le mesclun est bon à consommer au fur et à mesure.

AVRIL

BON À SAVOIR

La mouche ne passera pas !

Le pire ennemi de la carotte est une mouche ! Les femelles de ce petit diptère de 4 à 5 mm de long *(Psila rosae)* pondent au pied des plantes en avril-mai. Et les petites larves de la mouche de la carotte gagnent les racines qu'elles creusent. La seule mesure efficace pour les empêcher de pondre est de poser un filet anti-insectes sur des arceaux, qui enferme bien les plantes. On peut compléter avec des plantes qui masquent l'odeur de la carotte : coupez et étalez autour du feuillage de tanaisie ou de lavande. (Vous pouvez également ajouter des gouttes d'huiles essentielles, pour renforcer l'odeur.)

AVRIL

À NE PAS FAIRE	À FAIRE
☹ Choisir un céleri branche classique, que vous devrez faire blanchir pour qu'il devienne tendre.	☺ Prenez une variété qui blanchit toute seule, comme 'Tall Golden Self Blanching'.
☹ Semer les légumes frileux (aubergine, tomate, poivron) trop tôt en intérieur : dès qu'ils se développent, ils ont besoin de lumière. Celle de nos intérieurs est rarement suffisante.	☺ Attendez fin avril pour semer ou début mai pour acheter des plants. Ou bien, si le temps est clément, sortez-les dehors la journée et rentrez-les à la tombée du jour.
☹ Bouder les tomates et aubergines greffées, car elles sont plus chères à l'achat : ce sont des plantes pleines d'atouts si la saison est mauvaise.	☺ Essayez ces plants greffés et faites-vous votre propre opinion. Si vous avez plusieurs carrés, testez les plants greffés et non greffés côte à côte.
☹ Planter les concombres ou toute autre plante grimpante sur un treillage au sud : ils vont grimper et faire de l'ombre aux légumes plus bas.	☺ Plantez-les au nord et palissez-les contre un treillis solidement arrimé (une fois qu'ils sont en feuilles, la prise au vent devient importante !).
☹ Laisser le chou-rave avoir soif : il devient alors tout creux !	☺ Arrosez dès que le premier centimètre de terre paraît sec.
☹ Semer les radis longs et les radis ronds de la même manière, à la même profondeur.	☺ Semez les radis ronds en surface et les radis longs en les enterrant sous 5 mm de terre.

EN AVRIL

Vous auriez aussi pu…

PLANTER du **céleri branche** (5 par case), des **fleurs,** comme des tagètes, en fin de mois, si les gelées ne sont plus à craindre dans votre région. SEMER du **concombre,** au chaud, dans la véranda ou sur le rebord de la fenêtre, des **laitues** en caissettes, pour les planter le mois suivant, de la **roquette,** des **bettes** en place, des **betteraves,** des **chicorées 'Pain de Sucre'.**

LE GESTE DU MOIS

Tamiser le compost

Le plus simple est d'acheter un tamis de maçon dans une grande surface de bricolage. Il existe différentes tailles de mailles. Celles de 1 cm conviennent. Le compost ainsi tamisé peut aller en surface. Les puristes prennent généralement des mailles de 3 à 4 mm et obtiennent ainsi un compost extrêmement fin, qui peut être mélangé au terreau pour rempotage des jeunes plants. Si votre compost est très humide, laissez-le sécher 2 heures avant de le tamiser, sur une bâche, à terre, à mi-ombre, pour que la microfaune puisse s'échapper.

Premières saveurs de printemps

Charmant petit potager avec, sur l'avant, des poirées, que les Anglais appellent « épinards perpétuels », car on les cueille feuille à feuille (ici, la variété 'Lucullus', l'une des meilleures poirées à couper, au feuillage blond qui se gaufre en vieillissant). On aurait aussi pu choisir 'Liscia Verde da Taglio', une variété de poirée à couper, excellente et productive, également bien adaptée au potager en carrés. Derrière, on aperçoit une ligne de ciboule, aussi parfumée que la ciboulette et dont les grosses feuilles se coupent une à une. On la sème dehors de mars à juillet, celle-ci a donc été achetée en godet et plantée début mars. Il faut dans ce cas la protéger le premier mois, car la transition entre la serre et le jardin, où il fait encore froid la nuit, peut être difficile. À l'arrière, on voit des choux cabus, semés en février et qui seront bons à récolter à partir de mai (la récolte s'effectue 6 à 10 semaines après le repiquage) si on ne les cueille pas trop gros.

MON POTAGER EN CARRÉS

MAI

mois par mois

Mai est le mois charnière pour deux bons tiers de la France : le printemps semble installé… mais les gelées n'ont pas dit leur dernier mot. Saint Mamert, saint Pancrace et saint Servais établissent la fameuse barrière des saints de glace, à la mi-mai… Après, que la fête commence !

Pas à pas | Plantez vos tomates

1 Faites tremper les godets dans une bassine d'eau, jusqu'à disparition complète des bulles en surface.

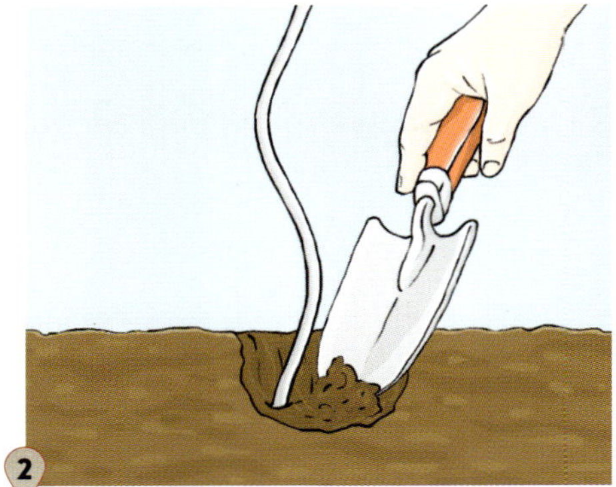

2 Faites un trou de 20 cm de profondeur et fichez un tuteur au fond, enfoncé d'au moins 30 cm.

3 Installez le plant en biais, pour que de nouvelles racines se développent sur la tige et recouvrez de terre.

4 Faites une cuvette d'arrosage de 25 cm de diamètre, arrosez, puis paillez avec du compost bien mûr.

LES TRAVAUX DU MOIS

- Début mai, il est encore temps de **semer au chaud tomates, aubergines, concombres, courgettes, poivrons et piments,** si vous ne l'avez déjà fait.
- **Installez des treillages** solides au nord du potager, sur lesquels vont grimper les haricots. Plantez les piquets à l'extérieur du carré.
- **Plantez des fleurs.** Rien n'interdit d'en planter aussi à l'extérieur du carré, contre la bordure. Choisissez des espèces basses qui ne feront pas d'ombre aux légumes, comme les soucis, les zinnias.
- **Achetez une barquette de tagètes,** que vous ferez forcir un peu, avant de les planter au potager le mois suivant.
- **Surveillez les limaces,** friandes des jeunes pousses de haricots, des tagètes, des laitues…
- **Augmentez la fréquence des arrosages.** Prévoyez toujours un arrosoir plein à côté du carré, pour que l'eau soit à la température ambiante.

Plantez un pied d'aubergine et abritez-le sous une cloche la nuit pendant 2 semaines. Vous pouvez semer du cerfeuil au pied, tant que le plant est petit. Choisissez la 'Blanche Ronde à Œuf', originale et excellente, au goût assez doux et qui prend peu de place.

Semez des haricots nains à filets, en enterrant les graines de 1 cm. 'Triomphe de Farcy' se développe vite et est peu sensible aux derniers froids du printemps.

Semez des haricots mangetout. Le classique 'Fortex', précoce, se cultive sur un tipi. 'Velour', violet à chair verte, reste notre préféré, mais ne monte qu'à 50 cm.

Récoltez les épinards au fur et à mesure, en essayant d'aérer le plus possible pour que l'air circule entre les feuilles.

Semez des radis ronds.

Plantez des laitues d'été en tout début de mois, sinon semez en place, car les plants repiqués ont du mal à reprendre quand il fait trop chaud. 'Reine de Mai' est facile à cultiver et très tendre.

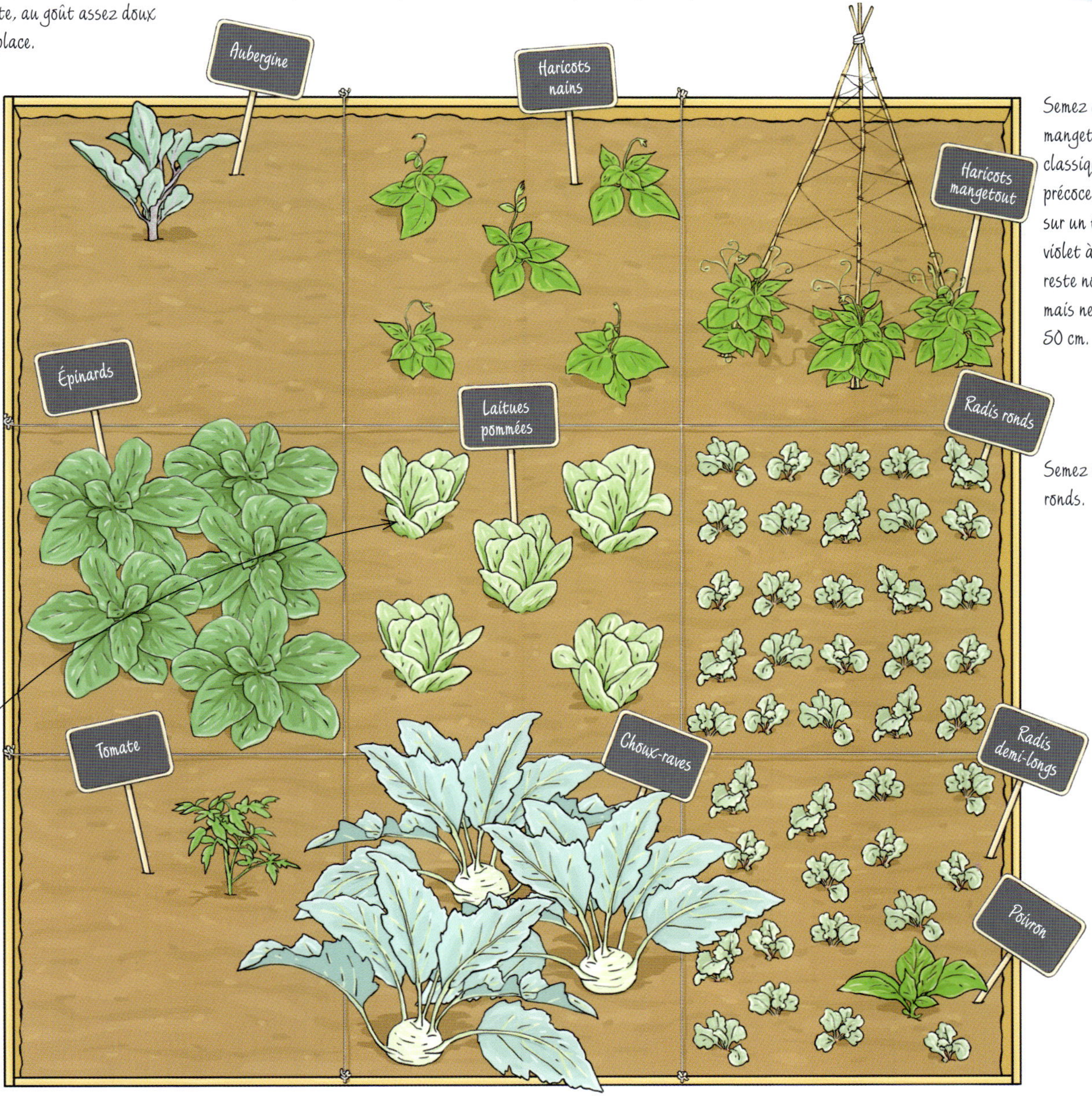

Plantez un pied de tomate. 'Roma' est productive et résiste bien au mildiou. Vous pouvez également choisir de cultiver des tomates cerises, qui réussissent aussi très bien au potager en carrés.

Commencez à récolter les choux-raves.

Plantez un poivron et semez au pied 16 radis demi-longs pour occuper l'espace le temps qu'il grossisse. Il est lent au départ, mais la production s'accélère en fin de saison. 'Esterel' est un hybride vigoureux et précoce, qui donne de beaux fruits.

MAI

BON À SAVOIR

Des haricots bien tenus

Quand les haricots commencent à pousser et qu'ils mesurent 10 à 12 cm de haut, ramenez un peu de terre sur les tiges (les professionnels appellent cela « butter » les haricots), afin de les maintenir et d'empêcher les plantes de verser à cause du vent. Ce n'est cependant pas une obligation. De plus, si vous avez des pieds de sarriette en pot, vous pouvez les rapprocher des haricots. La sarriette passe pour être une compagne appréciée des haricots, qui aiment aussi la compagnie des bettes, des betteraves et des carottes.

MAI

À NE PAS FAIRE	À FAIRE
☹ Laisser les haricots nains livrés à eux-mêmes. Même nains, ils finissent toujours par s'écrouler.	☺ Piquez des rameaux de noisetier ramifiés pour les soutenir et buttez la base des tiges.
☹ Planter un melon, une aubergine, sans avoir enrichi le sol. Toutes les cucurbitacées sont gourmandes.	☺ Ajoutez une pelletée de compost très mûr dans la case et mélangez au terreau.
☹ Laisser les légumes frileux (tomate, courgette, aubergine, poivron, melon…) sans protection, en début de mois.	☺ Ayez toujours quelques cloches en plastique et/ou des voiles d'hivernage à portée de main, au cas où les nuits s'annonceraient froides.
☹ Oublier de pailler. Pratiquement toutes les plantes tirent profit du paillage, sauf les aromatiques et les bulbes qui n'aiment pas la fraîcheur.	☺ Pensez toujours à garder une réserve de paille, de tontes de gazon sèches, de paillettes de lin pour ne pas laisser la terre nue.
☹ Oublier les aromatiques. Elles font partie du plaisir de récolter et de cuisiner ses légumes. Mais n'accueil ez pas des espèces trop envahissantes, comme la menthe ou la mélisse citronnelle, qui étouffent tout.	☺ Semez de la coriandre, du basilic, du cerfeuil dans les cases qui ne sont pas complètement occupées. Vous dégusterez les très jeunes pousses, aussi aromatiques que des plantes adultes.
☹ Enterrer le point de greffe de l'aubergine.	☺ Dégagez le point de greffe de la terre et même du paillage.

Vous auriez aussi pu…

SEMER des **betteraves** (5 par case), pour une récolte en août, du **maïs sucré** (5 par case), dans un carré de côté.
PLANTER un **chou 'Cœur de Bœuf'**, un pied de **melon**, ou une **courgette de Nice** contre un bord, pour qu'elle pousse les pieds dans les carrés, mais la végétation à l'extérieur, car elle s'étale sur 80 cm en tous sens.

LE GESTE DU MOIS

Pailler dans les règles

Tous les paillages ne se valent pas, car en se décomposant, ils donnent des éléments nutritifs différents. Paillez les légumes feuilles avec des tontes de gazon sèches, des orties hachées, des cosses de cacao, qui libèrent de l'azote, nécessaire à la production de feuilles. Paillez les autres légumes avec de la paille (les choux adorent), des cartons hachés, du compost demi-mûr. Paillez toujours sur une terre humide, en dégageant un peu le collet des plantes. Surveillez étroitement les petites limaces grises qui aiment trouver refuge dans la moiteur du paillage.

Mezze de saveurs vertes

Les batavias sur le devant sont reconnaissables à leurs feuilles ciselées, un peu cloquées. Elles sont plus croquantes que les laitues pommées. Elles ont été semées en mars (sous abri, car la température optimale de germination est de 15 à 20 °C) et plantées en avril. Il faut les repiquer en laissant 1/4 de la motte au-dessus du terreau, pour éviter les problèmes de pourriture du collet. La variété 'Leny' convient bien pour un potager en carrés. Cette salade, intermédiaire entre une batavia et une 'Iceberg', a des feuilles extérieures qui ne s'étalent pas trop et offre un petit goût de noisette. On voit aussi des poirées colorées, ici 'Bright Lights', un mélange multicolore. Cette variété est parfaite pour un petit potager, car on peut commencer à consommer les jeunes feuilles crues 30 à 40 jours après le semis. Enfin, derrière, on aperçoit une laitue à couper, 'Saint Vincent', aux feuilles brun rouge qui se récoltent une à une.

MON POTAGER EN CARRÉS

JUIN

mois par mois

« En juin, beau soleil qui donne n'a jamais ruiné personne », dit le dicton. Pas dit ! Le 22 juin 2003, le soleil a tellement donné qu'il a fait 38 °C à Lyon. Les salades étaient grillées avant l'heure, les radis creux, les haricots fanés… N'oubliez donc pas d'ombrer et d'arroser si nécessaire !

Pas à pas | Tuteurez vos haricots

1 — 1re méthode : Tendez un filet en plastique entre 2 piquets ou tuteurs solidement fichés en terre.

2 — 2e méthode (pour haricots nains) : Enfoncez en terre des rameaux ramifiés de noisetier, par exemple.

3 — 3e méthode : Enfoncez des tuteurs spirale de 30 à 40 cm dans le sol.

4 — 4e méthode : Accrochez des fils à une barre tenue par 2 piquets. Arrimez-les au sol par de lourdes pierres.

LES TRAVAUX DU MOIS

- **Arrosez** matin et soir s'il fait chaud.
- Continuez à **pailler.**
- **Semez des betteraves en godets,** en prévision de juillet, à 1 cm de profondeur. Les graines germent en une semaine à ce mois-ci. Les graines étant souvent des glomérules de plusieurs germes, ne conservez que la plus belle plantule. Essayez la 'Burpee's Golden', sucrée et jaune d'or, ou la 'Chioggia', aux cercles concentriques rouges et blancs quand on la coupe transversalement.
- **Pincez les tomates** si elles grandissent trop, **supprimez les gourmands** qui apparaissent à l'aisselle des feuilles.
- **Supprimez les fleurs fanées des tagètes et des soucis,** pour qu'ils continuent à produire des boutons floraux.
- **Achetez de la sarriette** (vivace, la plus parfumée, ou annuelle, la plus douce), en pot et faites-la forcir en vue de sa plantation en juillet.
- Si le potager est dense, **supprimez les feuilles inutiles,** pour que l'air circule mieux.

Plantez du basilic avec l'aubergine. Essayez le basilic 'Pistou' de Vilmorin, très compact et surtout plus parfumé que les autres.

Les haricots nains à filets grandissent. Buttez-les et soutenez-les par des branchettes ramifiées.

Les haricots mangetout grandissent. Commencez à les tuteurer sur le tipi.

Plantez un brocoli et 3 *Tagetes lucida* au pied, qui ont la saveur de l'estragon. Essayez la variété de brocoli violette, 'Chou Miranda', qui se récolte de septembre à novembre. Donnez-lui dès le départ du purin d'ortie ou de consoude : cela l'aide à forcir.

Plantez 5 plants de persil. Plantez du 'Géant race Novas', une variété haute, qui saura trouver sa place dans un potager bien chargé. Il pousse vite et ses feuilles sont larges et très parfumées.

Commencez à récolter les laitues quand elles ont la taille d'un poing, d'abord celle du milieu.

Plantez un pied d'estragon au pied de la tomate.

Récoltez les choux-raves et semez 16 graines de coriandre, à 1 cm de profondeur, qui donneront, à cette époque de l'année, des feuilles bonnes à récolter en 30 jours.

Récoltez les radis. Le poivron grossit ; apportez-lui au pied du purin d'ortie et une petite poignée d'amendement à base de fumiers et d'algues.

JUIN

BON À SAVOIR

Quand le persil vire au jaune...

Votre pied de persil jaunit brutalement ? Il s'agit peut-être de pucerons, mais plus probablement de la mouche de la carotte, qui pond en juin au niveau du collet. Une fois écloses, les larves descendent le long de la racine qu'elles grignotent. Lorsque l'attaque est sévère, c'est la plante entière qui jaunit, puis flétrit. Deux ou trois générations de mouches se développent dans la saison. Le mieux est d'arracher immédiatement le persil et d'ôter le terreau autour pour le remplacer par du terreau neuf. Replantez alors un pied de sarriette par exemple, d'origan ou de sauge.

À NE PAS FAIRE	JUIN	À FAIRE
☹ Laisser les laitues griller sous le soleil, surtout quand elles sont jeunes ou bien qu'elles sortent juste de la serre et sont encore trop trendres pour supporter l'extérieur.		☺ Abritez-les sous une caissette en bois (récupérée au marché) ou sinon, en urgence, posez par-dessus une feuille de papier journal humidifié. Arrosez-les très régulièrement.
☹ Laisser choux-fleurs ou brocolis sécher : c'est le meilleur moyen d'avoir des pommes petites et irrégulières.		☺ Arrosez matin et soir s'il fait sec, paillez avec de la paille, des herbes sèches ou du compost.
☹ Laisser les poirées se développer exagérément et envahir, voire étouffer les légumes voisins.		☺ Coupez en priorité les feuilles extérieures : c'est un légume qui demande à être surveillé de près !
☹ Laisser grossir les choux-raves sous prétexte que c'est un légume délicieux et que tout le monde en veut.		☺ Récoltez-les quand ils sont de la taille d'une balle de tennis : c'est là qu'ils sont les meilleurs.
☹ Semer du persil si vous êtes pressé ou même si vous êtes débutant en matière de semis.		☺ Achetez plutôt des godets, car le semis de persil peut se montrer vraiment aléatoire.
☹ Trop arroser aubergines et piments, qui n'aiment pas les excès d'eau.		☺ Jetez un œil à la météo du lendemain, pour savoir s'il va pleuvoir.
☹ Tenter les semis de choux chinois. Ce sont des plantes de jours courts.		☺ Attendez juillet et surtout août pour semer.

Vous auriez aussi pu...

*SEMER des **carottes grelots ou demi-longues**. La levée étant plus rapide qu'au printemps, vous pourrez récolter dès fin septembre... ou les laisser pour plus tard. Continuer de SEMER du **mesclun**, on en consomme tellement !*
*PLANTER du **physalis** pour une récolte des petites baies jaunes fin septembre.*

LE GESTE DU MOIS

Faire du purin d'ortie ou de prêle

Coupez 1 kg d'orties ou de prêles. Avec le fer de bêche bien aiguisé (ou une cisaille à longues lames), hachez-les grossièrement. Si vous en avez beaucoup, vous pouvez les passer à la tondeuse à gazon. Mettez-les dans un seau d'eau (de pluie de préférence), couvrez. Attendez que les petites bulles finissent d'éclater à la surface (une semaine). Filtrez, diluez à 1/5e et arrosez avec cette dilution au pied de la tomate, de l'aubergine et du poivron. Avec les résidus, paillez ces mêmes légumes. Ces purins sont à la fois des engrais (azote, calcium, magnésium) et des insecticides ou insectifuges et fongicides.

Gérer l'exubérance

Voici trois charmants petits potagers… en rectangle cette fois-ci ! Dans le premier, le plus proche, une courgette 'Ronde de Nice' a été plantée. Il faudra absolument la guider vers l'extérieur, sur l'allée, car fin septembre, elle occupera un bon mètre carré. Entre-temps, elle aura produit une dizaine de jolies courgettes toutes rondes… et elle aura étouffé les œillets d'Inde sur le devant. Autant déménager ailleurs ces derniers dès ce mois-ci ! Dans le deuxième potager, on aperçoit de la salade à couper, très pratique quand on n'est pas un gros consommateur : il suffit de cueillir 3 feuilles chaque soir pour avoir de la salade fraîche tous les jours. À l'arrière, on voit des choux-fleurs, qui seront bons à cueillir dans 2 ou 3 mois. Une autre courgette a été plantée derrière, qu'il faudra impérativement faire grimper sur la clôture. Les haricots d'Espagne dans le troisième potager sont aussi décoratifs que productifs, mais il faut les cueillir très jeunes.

MON POTAGER EN CARRÉS

JUIL.

mois par mois

Il est fort probable que votre potager soit archi-plein ce mois-ci. Vous avez bien travaillé et la nature ne s'est pas montrée ingrate. Le plus difficile est de ne pas laisser le fouillis s'installer. Tenez bien votre programme, taillez, récoltez au fur et à mesure, arrachez, replantez...

Pas à pas | Soignez vos tomates

1 Arrosez au pied, sans mouiller le feuillage. Vous aurez auparavant fait une cuvette d'arrosage.

2 Supprimez les gourmands, ces rameaux secondaires, souvent fleuris, à l'aisselle des feuilles.

3 Taillez la tige principale, même si elle fleurit, pour éviter une croissance indéfinie.

4 Paillez le sol avec un mélange de feuilles de tomate et de feuilles d'ortie, qui apporteront de l'azote.

LES TRAVAUX DU MOIS

- **Veillez** plus que jamais **aux arrosages.** Apportez l'eau le soir, en évitant de mouiller le feuillage.
- **Semez** éventuellement **du cerfeuil** à l'ombre des plantes plus hautes.
- **Tuteurez le poivron et l'aubergine,** qui vont finir par se courber sous le poids des fruits.
- **Surveillez les attaques de mildiou et d'oïdium sur les feuilles de l'aubergine, de la tomate et du poivron.** Si vous voyez qu'une attaque fongique se prépare, pulvérisez localement de la bouillie bordelaise.
- **Taillez l'aubergine** pour supprimer les rameaux qui ne vont pas porter de fleurs. À noter que la variété 'Blanche Ronde à Œuf' ne se taille pratiquement pas, ou du moins de manière moins sévère. Pincez la tête au-dessus de la deuxième fleur. Ne conservez ensuite que les 3 ou 4 plus beaux rameaux secondaires. Vous les taillerez, eux aussi, après la feuille qui suit la première fleur.
- **Conservez les abords du carré bien propres et dégagés,** car c'est un endroit que les limaces aiment.

JUILLET

L'aubergine grandit, le basilic forcit. Pensez à pincer régulièrement ce dernier pour qu'il continue à donner des feuilles tendres.

Finissez de récolter les derniers haricots et semez du mesclun. Laissez les racines des haricots en terre, car en se décomposant, elles vont redonner de l'azote.

Continuez à récolter les mangetout au fur et à mesure de leur production.

Arrachez et consommez le persil du milieu, pour laisser les autres plants grossir. Si vous en avez trop, congelez-le, haché, dans des bacs à glaçons.

Plantez 5 betteraves que vous aurez semées le mois dernier ou bien achetées en plants.

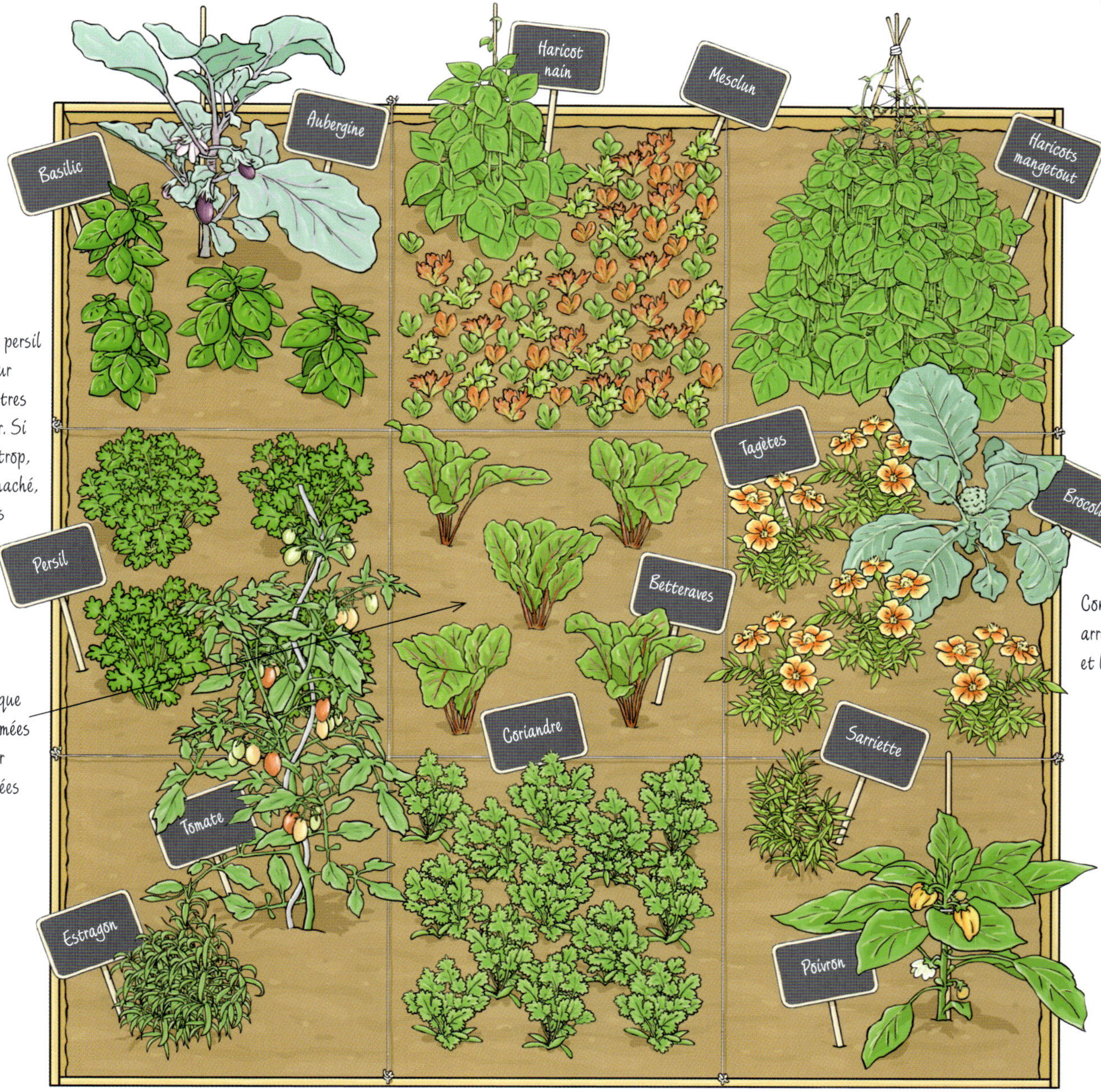

Continuez à bien arroser le brocoli et les tagètes.

Soignez vos tomates et profitez des premiers fruits.

La coriandre a levé : vous pouvez commencer à récolter.

Après la récolte de radis, plantez le pied de sarriette acheté le mois dernier, à côté du poivron.

JUILLET

BON À SAVOIR

Une famille en or

Les racines des plantes de la famille des fabacées (pois, haricot, fève, luzerne, sainfoin, trèfle…) vivent en symbiose avec des bactéries, les rhizobiums, qui fixent l'azote de l'air dans des sortes de minuscules nodules blanchâtres, visibles avec un bon œil quand on arrache la plante. L'azote capté est transformé en ammonium, directement assimilable par la plante. Certains rhizobiums très performants peuvent fixer jusqu'à 600 g d'azote/10 m^2 ! Conséquences directes : les fabacées ont moins besoin d'engrais azoté que les autres plantes et l'on peut laisser les racines en terre quand la culture est finie, pour que les plantes suivantes profitent ainsi de l'azote récupéré.

JUILLET

À NE PAS FAIRE

☹ Semer vos poireaux si vous êtes trop occupé : cela prend trop de temps. On trouve des plants presque partout en été.

☹ Planter les poireaux tels quels. Ils repartiraient moins bien et prendraient du retard dans leur croissance.

☹ Laisser tous les petits melons sur la plante. Ils n'arriveront pas à maturité correctement. Au total, un pied ne peut porter plus de 5 ou 6 melons.

☹ Acheter n'importe quelle variété de salade. Elles sont adaptées à une saison particulière et ne montent pas en graine inopinément.

☹ Laisser les gourmands des tomates sur la plante, sous prétexte qu'ils portent des bouquets de fleurs. Ils ne donneront rien de bon et épuiseront la plante, qui ne pourra mener à bien la maturité de tous les fruits.

À FAIRE

☺ Achetez du plant en jardinerie, à bas prix en cette saison, et si vous en avez trop, partagez-le avec vos amis et voisins.

☺ Il faut les « habiller » : cela consiste à couper la moitié des racines et la moitié du feuillage (voir p. 66).

☺ Ne conservez que le premier melon de chaque rameau et coupez la tige 2 feuilles au-dessus. Intervenez quand les melons ont la taille d'une noix.

☺ Pour semer en juillet, achetez des variétés pour culture d'été et d'automne, comme 'Gourmandine', 'Lilloise' ou 'Merveille de Nancy'.

☺ Pincez avec l'ongle ces gourmands dès qu'ils sont saisissables. Vous pouvez les faire raciner dans un verre d'eau et les repiquer. Avec un peu de chance (et si la saison de culture est assez longue), ils donneront quelques tomates.

EN JUILLET

Vous auriez aussi pu…

SEMER du **cresson alénois** ou de la **mâche** à l'ombre des plantes les plus hautes, s'il reste un peu de place.

SEMER ou PLANTER des **épinards,** que vous consommerez en jeunes feuilles, des **haricots,** pour une récolte de fin d'automne, de la **laitue romaine.**

Poser un ombrage

Si vous n'avez qu'un seul carré, vous pouvez tout simplement poser un large parasol, bien orienté, de façon à ce qu'il ombre le carré entre midi et 15 heures. C'est la solution de facilité. Mais vous pouvez aussi planter solidement en terre 4 piquets de 2 m de haut, à 1 m des coins, et tendre entre eux un large voile très fin (style voile anti-insectes), qui fera office d'ombrière. Le système le plus simple d'accroche est de planter de grands clous au sommet des poteaux. Vous ferez un nœud autour avec chaque coin du voile. Attention, les jours de vent soutenu, « repliez les voiles » si vous ne voulez pas les voir s'envoler.

Un potager bien protégé

Au menu de juillet, cœurs de salades craquantes à volonté, jeunes feuilles de betteraves en mesclun, haricots tout frais cueillis. On voit nettement ici, sur les 4 tipis, que les semis de haricots ont été décalés de 10 jours chacun, pour permettre des cueillettes échelonnées. En fin de mois, les carottes, sur la droite du premier carré, seront prêtes à être cueillies. Le jardinier a usé et abusé des tagètes (une douzaine par carré). Ce n'est pas par hasard : ces plantes combattent les nématodes du sol. Ces microscopiques parasites sont plus connus pour attaquer les tomates, mais ce sont les mêmes qui envahissent aussi les racines des haricots et des laitues, formant des galles et empêchant les plants de croître normalement. On les appelle d'ailleurs « nématodes à galles ». *Tagetes minuta* est l'espèce la plus efficace pour lutter contre ces parasites du sol.

MON POTAGER EN CARRÉS

AOÛT

mois par mois

Août est le mois où le potager en carrés produit le plus… mais c'est aussi le mois de tous les dangers. Les vacances signent parfois l'arrêt de mort du potager et la canicule peut être un frein à la pousse des légumes, même si l'on arrose. La vigilance s'impose !

Pas à pas | Repiquez des poireaux

1 Coupez 2/3 des racines et 1/3 du feuillage. Les professionnels appellent cette opération « l'habillage ».

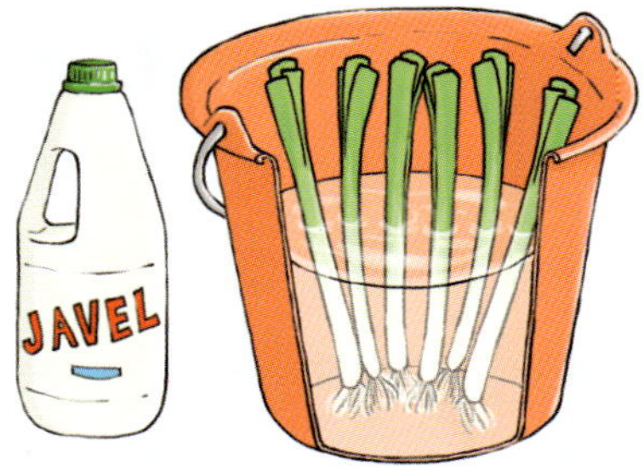

2 Pour éviter le ver du poireau, trempez les plants dans de l'eau de Javel diluée (à 1/20e), durant 15 minutes.

3 Faites un trou avec le plantoir, d'une profondeur de 1/3 de la longueur des plants, et plantez.

4 Affermissez la terre avec les mains autour du fût de chaque plant.

LES TRAVAUX DU MOIS

- **Semez du pak-choï,** un chou chinois que vous planterez en septembre. Ce chou pousse vite et a la particularité d'être très tendre (comme l'autre chou chinois d'ailleurs, le pé-tsaï).
- **Éliminez,** en fin de mois, **quelques feuilles devant les grappes de tomates,** pour qu'elles continuent à profiter des rayons du soleil.
- **Renforcez,** si nécessaire, le **tuteur des tomates,** qui a parfois du mal à supporter le poids des récoltes.
- **Surveillez l'oïdium** (fréquent sur le melon, les courgettes, les haricots…) et pulvérisez du purin d'ortie ou du lait dilué, préventivement et en début de contamination.
- **Avant de partir en vacances, arrosez à fond et couvrez toute la terre,** paillée ou non, **avec des feuilles de carton détrempées.** Cela permettra au potager de « tenir » au moins 4 jours sans arrosages. Sinon, **prévoyez le passage d'un ami ou voisin** qui, idéalement, devra arroser au moins tous les 2 jours s'il ne pleut pas.

L'aubergine pousse et ombre le basilic qui aime la fraîcheur. En fin de mois, taillez un peu les rameaux, pour accélérer la maturation des fruits.

Les poireaux sont repiqués début août.

Semez du pak-choï. Son goût est à mi-chemin entre le chou doux et la bette à carde, et laisse une impression plus sucrée au palais que le chou classique.

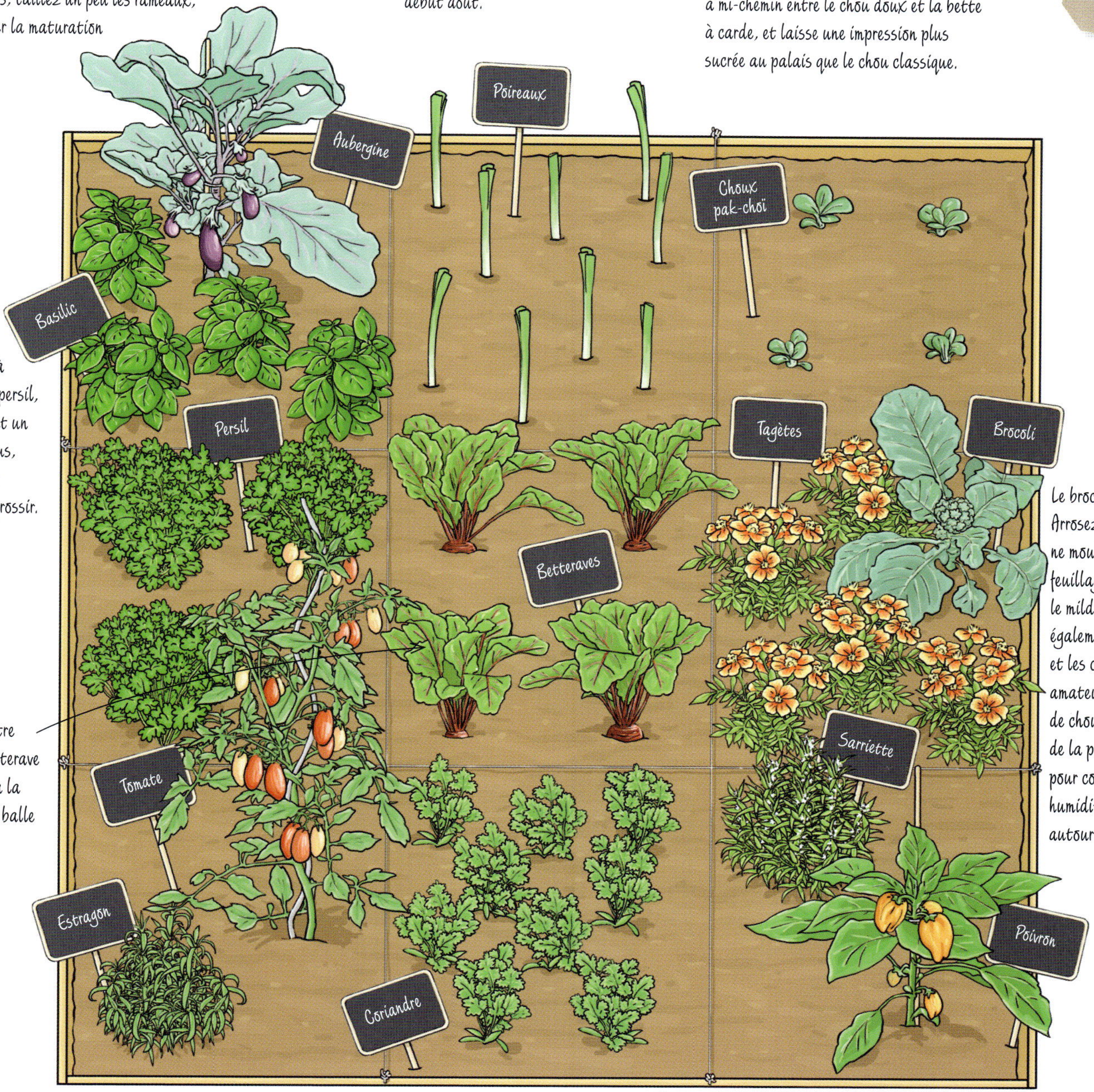

Continuez à prélever du persil, en arrachant un plant de plus, pour laisser les autres grossir.

Récoltez votre première betterave quand elle a la taille d'une balle de tennis.

Le brocoli grossit. Arrosez bien, mais ne mouillez pas le feuillage pour éviter le mildiou. Surveillez également les pucerons et les chenilles, grands amateurs de feuilles de choux. Paillez avec de la paille ou du foin, pour conserver une humidité constante autour des racines.

Continuez à profiter de vos tomates. Taillez l'estragon pour qu'il reste compact. Avec le surplus, aromatisez votre vinaigre.

Récoltez la coriandre.

Arrosez bien le poivron et apportez-lui une poignée de compost mûr.

BON À SAVOIR

Le mildiou ne passera pas !

Pour limiter les attaques de mildiou sur les tomates, voici quelques conseils :
- Arrosez au pied. Les spores ne germent pas sur des feuilles sèches.
- Évitez les enchevêtrements de feuilles. Les points de contact conservent l'humidité.
- N'apportez pas d'engrais azoté en excès.
- Supprimez les feuilles attaquées dès les premiers symptômes, des taches vert foncé, grises puis brunes qui apparaissent sur les feuilles, et brûlez-les.
- Adoptez des variétés résistantes au mildiou comme 'Pyros', 'Bali', 'Fandango' ou 'Fantasio'. Cette dernière est probablement la plus rustique des quatre.

AOÛT

À NE PAS FAIRE	À FAIRE
☹ Confondre les choux chinois, pak-choï et pé-tsaï, qui poussent tous deux en fin d'été puisque ce sont des plantes de jours courts.	☺ Le pak-choï ressemble à une bette miniature, avec une côte très blanche et large, et le pé-tsaï ressemble à une romaine jaune pâle.
☹ Abandonner à son sort le pied de concombre, si vous en avez planté un. Avec des soins, il peut produire jusque tard en automne.	☺ Arrosez souvent, paillez avec du bon compost presque mûr et si vous avez du purin d'ortie, pulvérisez-en sur les feuilles ou arrosez avec.
☹ Trop attendre avant de récolter les courgettes, surtout au cœur de l'été, quand la chaleur suffit à faire doubler les fruits de volume en 4 jours !	☺ Cueillez les courgettes rondes quand elles ont la taille du poing, les longues, quand elles mesurent 10 à 12 cm.
☹ Laisser ses semis sans protection. Le soleil est trop chaud et les oiseaux restent de grands pilleurs…	☺ Protégez-les simplement avec des caissettes retournées qui éloigneront aussi les chats.
☹ Laisser le basilic monter en graines : les feuilles deviennent alors plus dures et beaucoup moins parfumées.	☺ De temps en temps, coupez à 10 cm la moitié des tiges de la touffe. Laissez-les repousser et coupez l'autre moitié.
☹ Laisser les plantes peu vigoureuses à leur sort, quand les légumes les plus envahissants les étouffent.	☺ Passez tous les jours pour cueillir ou couper les feuilles et les tiges qui s'étalent trop.

Vous auriez aussi pu…

SEMER des **chicorées frisées**, du **persil**, des **radis**, de la **roquette**, du **mesclun**, des **navets 'Boule d'Or'**, du **radis noir**, de la **mâche**, des **oignons jaunes** (à partir de la mi-août), des **fenouils** en région de climat doux, pour planter le mois prochain. PLANTER de la **laitue 'Feuille de Chêne Blonde'** ou **'Feuille de Chêne Rouge'**. RETENTER UN DERNIER SEMIS de **chou-rave** en début de mois.

LE GESTE DU MOIS

Bien arroser

L'idéal est d'arroser avec l'eau de récupération venant du toit. Elle est sans chlore et à température ambiante. Si ce n'est pas le cas, conservez toujours deux arrosoirs pleins à côté du potager. Le chlore a le temps de s'évaporer et l'eau d'être à température ambiante.

Laissez un bâton dans les arrosoirs pour que les petits mammifères qui y tombent ne se noient pas.

Arrosez toujours le soir ou au petit matin, mais si vous voyez que les plantes ont soif et que la terre est sèche, arrosez à n'importe quelle heure, toujours au pied des plantes et sans mouiller les feuilles.

Une belle diversité… sous surveillance !

Ces trois petits potagers rectangulaires sont certainement ceux d'un jardinier curieux de tout : artichauts, salades, piments, basilic, betteraves, choux, ciboulette, courgettes, poireaux… l'espace est bien occupé ! Au fond, des tournesols sont même en train de finir de fleurir. Ils donneront de grosses têtes pleines de graines dont se régaleront les pinsons et les mésanges en automne. Mais pour que tout ce petit monde cohabite et pousse harmonieusement, il faut passer presque chaque jour pour cueillir les feuilles de salades qui poussent trop et font de l'ombre à leurs voisines, couper les feuilles qui s'aventurent un peu trop sur les côtés, récolter les betteraves grosses comme une balle de tennis, pour que celles qui restent puissent pousser, arracher un poireau sur deux, pour que la culture respire. Dans un sens, c'est un bien puisque l'on déguste tous les jours des légumes très jeunes, et donc très tendres !

MON POTAGER EN CARRÉS

SEPT.

mois par mois

Avec la fraîcheur retrouvée, le potager revit. Une deuxième vague de semis est en cours. Avec de l'attention et quelques bons soins, il va produire jusqu'aux gelées.

Pas à pas | Semez des choux de Chine

1 En tout début de mois, préparez la case en la nettoyant de ses débris et en enrichissant la terre avec un amendement.

2 Arrosez à la pomme fine pour bien mouiller la terre en profondeur.

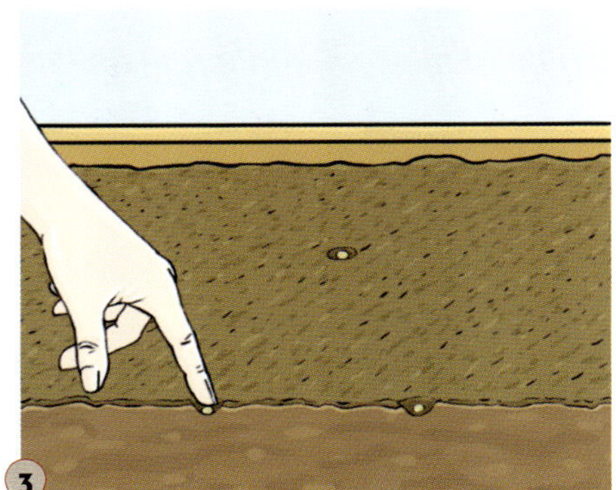

3 Déposez 4 graines dans la case, une à chaque coin. Vous pouvez éventuellement en mettre une supplémentaire au milieu.

4 Recouvrez de terreau fin et protégez par un voile d'hivernage, pour une germination plus rapide.

LES TRAVAUX DU MOIS

- C'est une bonne période pour **reprendre les semis.** Vous mettrez les plants de persil en terre en octobre et ceux de laitues d'hiver et romaines début novembre.
- **Commencez à ramasser les feuilles mortes** en fin de mois pour en faire du terreau, qui vous sera utile au printemps prochain.
- **Buttez les poireaux** pour que leurs fûts restent bien blancs.
- **Récoltez les dernières aubergines et arrachez le plant.** Direction, le tas de compost.
- **Déterrez le basilic** pour faire de la place. Rempotez-le avec toutes ses racines et laissez-le dehors tant qu'il fait doux. Vous le rentrerez ensuite à la maison et pourrez encore en profiter un bon mois.
- **Soignez les tagètes :** en supprimant les fleurs fanées, en les arrosant correctement, vous pouvez les conserver encore un mois. Récupérez des graines sur les fleurs sèches : elles vous serviront pour l'année prochaine.
- **Récoltez les dernières tomates** en fin de mois et arrachez le pied. **Rempotez l'estragon.**

Récoltez les dernières aubergines avant d'arracher le pied. Semez des radis ronds.

Arrosez les poireaux, gros gourmands, avec du purin d'ortie.

Surveillez étroitement les limaces qui sont extrêmement friandes de pak-choï.

SEPTEMBRE

Semez densément le mesclun d'automne, pour récolter des feuilles à chaque éclaircissage.

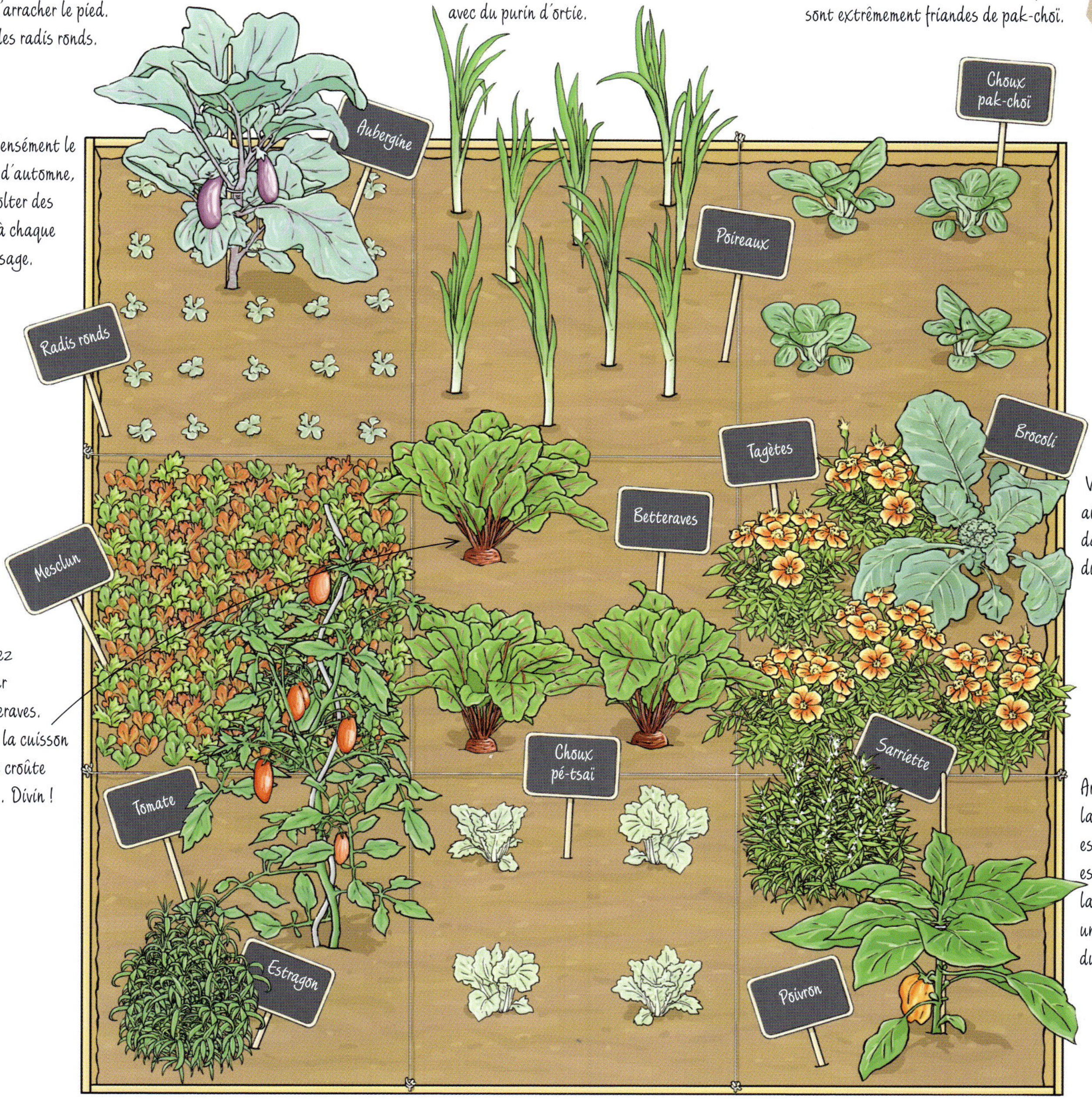

Veillez à ce qu'il n'y ait pas d'à-coups dans l'arrosage du brocoli.

Continuez à récolter vos betteraves. Essayez la cuisson sous une croûte de sel... Divin !

Arrachez aussi la sarriette si elle est annuelle. Si elle est vivace, rempotez-la et mettez-la dans un coin abrité du jardin.

Attendez fin septembre pour récolter les dernières tomates. Avec les vertes, vous ferez du chutney.

Le pé-tsaï attire lui aussi irrésistiblement les limaces... la vigilance est de mise.

Quand vous arracherez le poivron, vous pouvez tenter le rempotage. Il passe bien l'hiver dans une véranda fraîche, et peut même redonner des poivrons au printemps prochain.

SEPTEMBRE

BON À SAVOIR

Jouer au chat et à la souris… avec la roquette

La roquette est idéale, car elle peut fournir de la verdure pendant la mauvaise saison. Mais pour cela, il ne faut pas qu'elle monte en graine. Voici comment procéder pour éviter cela (les dates sont à adapter en fonction des régions).
Si on la sème trop tôt, en juin, elle fleurit avant l'hiver et c'en est fini. Si on la sème à mi-septembre (en Île-de France et Pays de la Loire), elle va pousser assez vite (les graines germent en 3 jours). Elle va commencer à donner… mais très vite, le froid et les jours qui raccourcissent vont la rattraper et il lui sera impossible de monter en graine. On a alors une ou plusieurs pleines cases de verdure « figée dans le temps », à consommer petit à petit jusqu'à fin janvier environ. Quand elle monte en graine en février, on peut laisser quelques tiges, pour récolter de quoi semer le prochain carré.

SEPTEMBRE

À NE PAS FAIRE	À FAIRE
☹ Trop attendre pour récolter les têtes de brocoli et laisser les fleurs s'entrouvrir.	☺ Il faut récolter quand les pommes sont bien formées, mais avant que la surface commence à jaunir.
☹ Laisser les tomates s'abîmer sur pied en fin d'été.	☺ Rentrez-les, même encore roses : elles finiront de mûrir à l'intérieur.
☹ Arracher et jeter l'estragon et la sarriette vivace.	☺ Repiquez-les au jardin ou dans un grand pot, pour les garder plus au sec.
☹ Arracher les fleurs sans les remplacer. Un potager sans fleurs… c'est triste et il y a suffisamment de fleurs d'automne pour ne pas avoir d'excuse !	☺ Plantez des chrysanthèmes à petites fleurs dans les coins, ou des pensées. Les premiers fleuriront jusqu'aux gelées, les secondes jusqu'en mai prochain.
☹ Semer des fèves sans protection si vous n'habitez pas une région de climat doux. Les plants meurent vers – 8 °C.	☺ Prévoyez deux épaisseurs de voile de forçage, solidement arrimées par de grosses pierres, que vous enlèverez à chaque redoux.
☹ Laisser le pied de poivron s'affaler sous le poids de ses fruits, de ses tiges et de son feuillage sur les plantes voisines.	☺ Cueillez les fruits mûrs, quitte à les congeler si vous en avez trop, et tuteurez le plant pour qu'il reste bien droit.

EN SEPTEMBRE

Vous auriez aussi pu…

SEMER des **chicorées** d'hiver, 'Pain de Sucre', pour une récolte à la Toussaint, puis au cours de l'hiver. SEMER **mâche, épinards, radis, navets, cerfeuil**… REPIQUER **poireaux** et **choux**, pour des récoltes de mai. PLANTER des **échalotes**, pour une récolte en vert au printemps.

LE GESTE DU MOIS

Une surveillance peu contraignante

En septembre, le carré demande une surveillance quotidienne… mais minime. Chaque jour ou presque, il y a quelque chose à récolter. Profitez-en pour couper en même temps toute feuille qui jaunit. Soulevez rapidement les autres feuilles, à la recherche de parasites. Grattez au passage la terre, pour voir si elle est suffisamment humide en profondeur. Un dernier coup d'œil sur les plantes palissées, pour attacher une tige qui aurait des velléités d'indépendance. Et enfin, en partant, une dernière inspection des bords extérieurs et intérieurs du carré, là où se réfugient les limaces… Simple, non ?

Un potager à son apogée

C'est peut-être le mois où le potager est le plus beau ! Tout au fond, les poivrons finissent de mûrir, entourés de basilic pourpre et vert. Il faudrait d'ailleurs commencer à cueillir les feuilles de ce dernier, car il fleurit. La meilleure façon de le conserver est d'en faire du pesto, que l'on congèle en petites portions. On aperçoit, devant, du persil et, à la gauche de ce dernier, du stevia. Il faudra bientôt faire sécher ses feuilles au goût très sucré, qui s'utiliseront ensuite dans des infusions ou des sirops. Le mesclun semé sur le devant ne demande qu'un éclaircissage pour forcir encore un peu. Quant aux haricots, ils vont continuer à fleurir si l'on cueille les gousses au fur et à mesure. Mais le jardinier aura du mal à récolter plus qu'une poignée en même temps. Il aurait été plus judicieux de semer une variété à rames, plus productive, que l'on aurait installée sur un grand tipi, sur le côté nord du potager.

MON POTAGER EN CARRÉS

OCT.

mois par mois

Les semis continuent, en prévision des mois d'hiver qui approchent à grands pas. Mais il fait encore doux et tout va s'installer tranquillement. Même si les journées raccourcissent, c'est encore un plaisir de jardiner…

Pas à pas | Plantez de l'ail

1 L'ail d'automne blanc est précoce, le violet est encore plus précoce. Les deux germent en novembre.

2 N'utilisez pas d'ail de consommation, mais du plant certifié, et prenez les plus beaux caïeux.

3 Faites des trous de 3 cm de profondeur, tous les 8 à 10 cm.

4 Placez les caïeux pointe en haut. Plantés serrés, ils donneront des aillets en mai, à consommer en vert.

LES TRAVAUX DU MOIS

- **Achetez du voile d'hivernage,** si vous n'en avez pas. Vous pouvez aussi construire une protection qui englobera tout le carré, avec des arceaux solidement fichés en terre et recouverts de voile d'hivernage. Attention aux vents d'automne qui s'engouffrent dans ce mini-tunnel et sont capables de l'arracher.
- **Procédez aux semis d'automne** (radis, épinards, mâche…).
- **Surveillez la rouille du poireau,** à craindre lors d'automnes doux et humides. Il faut que l'air circule bien entre les feuilles. Pulvérisez préventivement une décoction de prêle et de bouillie bordelaise en alternance, tous les 15 jours.
- **Soyez** également **attentif au mildiou des épinards,** qui peut se propager très vite. Appliquez le même traitement que les poireaux.
- **Supprimez les feuilles jaunissantes du persil.**
- En tout début de mois, vous pouvez encore **semer des laitues d'hiver,** que vous planterez en novembre : 'Merveille d'Hiver', 'Brune d'Hiver', 'Grosse Blonde d'Hiver'.

25 radis ont été semés fin septembre. C'est la dernière limite pour toutes les variétés de petits radis longs ou ronds.

Les poireaux continuent de pousser tranquillement.

Finissez de récolter le mesclun, nettoyez et ajoutez une pelletée de sable pour la culture d'ail qui va suivre.

Semez des épinards d'hiver sous voile.

Le pak-choï est bon à récolter. Cuit rapidement, au wok, émincé avec des oignons et de l'ail, et dégusté avec du riz et de la coriandre fraîche... c'est un régal !

Plantez 5 'Rougette de Montpellier' qui pommeront en avril.

Plantez 5 godets de persil, pour en avoir du frais tout l'hiver.

Récoltez le pé-tsaï. Il cuit très vite et se cuisine comme le pak-choï.

Semez 25 graines de mâche. Prenez des variétés comme 'Agathe', 'Coquille de Louviers', 'Ronde Maraîchère', 'Verte de Cambrai', 'Verte de Louviers' et notre préférée, 'Vit'. Elles sont toutes idéales en production hivernale. Elles poussent vite, résistent bien au froid et sont faciles à réussir. À protéger d'un voile au cœur de l'hiver.

OCTOBRE

BON À SAVOIR

Plus un poil de sec pour l'estragon !

Contrairement à une idée largement répandue, l'estragon ne gèle pas. Mais il est vrai qu'il disparaît souvent en hiver. La raison est à chercher du côté du sol : la plante déteste passer l'hiver les pieds dans l'eau. Dans un potager en carrés, le terreau peut être assez détrempé en hiver, s'il pleut. Rempotez votre pied vers le mois d'octobre dans un grand pot. Conservez la terre autour des racines et complétez par un mélange de terreau pour aromatiques et de sable. Vous abriterez le pot dans un endroit sec, à l'extérieur, à l'aplomb du toit par exemple. Au printemps, vous le taillerez pour qu'il reparte dru.

OCTOBRE

À NE PAS FAIRE	À FAIRE
☹ Prendre un paquet de graines d'épinards déjà entamé, sans s'assurer que la variété correspond à une époque de semis automnale.	☺ Choisissez 'Géant d'Hiver' (semis d'août à octobre). 'Monstrueux de Viroflay' a deux époques de semis : mars-avril et août-septembre.
☹ Récolter ses graines sans les faire sécher à fond, ou bien les enfermer dans des sacs en plastique : elles vont immanquablement se dégrader et perdre leur faculté germinative.	☺ Laissez-les une semaine à l'air libre, dans un coin sec, aéré, sombre. Stockez-les dans des enveloppes en papier, bien étiquetées (variété, date de récolte).
☹ Mettre sur le compost des débris de récolte (tiges, fruits et feuilles) porteurs de maladies (surtout des maladies fongiques, comme l'oïdium, le mildiou, l'anthracnose…).	☺ Plutôt que de les jeter, mettez-les au pied des haies ou dans les massifs d'arbustes où ces maladies spécifiques aux légumes ne seront pas un problème.
☹ Laisser sa terre se compacter. En effet, en fin de saison, la pluie et les arrosages répétés ont certainement tassé la terre.	☺ À chaque fois qu'une case se libère, décompactez en profondeur, avec la griffe, la fourche-bêche ou la rotogriffe, avant de niveler au râteau.
☹ Laisser le niveau de la terre baisser, ce qui arrive inévitablement en fin de saison de culture, après l'arrachage des légumes (on peut perdre jusqu'à 5-10 cm de terre en une saison !).	☺ Ajoutez un seau de pouzzolane petit calibre, en vente en sacs en jardineries, et du terreau neuf pour potager, mélangé à de la terre végétale qui contient un peu d'argile.

Vous auriez aussi pu…

PLANTER des **fenouils** (9 par case) en climat doux, à récolter vers le mois de mars, de l'**ail rose** (en rajoutant un demi-seau de sable à la case), des **choux-fleurs** semés le mois dernier, des **laitues pommées d'hiver** et des **romaines**.
SEMER en pleine terre des **choux-fleurs**, du **cresson alénois**, des **pois** (en région de climat doux).

LE GESTE DU MOIS

La chasse à la limace

Pas question d'éradiquer complètement ces indésirables puisqu'elles sont au menu des hérissons, qui en ont grand besoin avant l'hiver pour grossir suffisamment et être capables de le traverser. Mais on peut les récolter à la main et les mettre à l'autre bout du jardin, où les hérissons sauront bien les trouver. Pour cela, mettez des pelures de pommes de terre sous une tuile retournée. Au petit matin, les limaces se seront toutes réfugiées dessous. Il n'y aura plus qu'à les ramasser. Inutile de dire qu'il faut recommencer l'opération chaque jour… ce serait trop beau si on pouvait s'en débarrasser en une seule fois !

Les choux en majesté

Voici un jardinier monomaniaque… des choux ! De gauche à droite, chou frisé non pommé vert, chou frisé non pommé rouge (ici, la variété 'Redbor', à la fois décorative et excellente cuisinée). 'Redbor' résiste bien aux gelées, et même mieux, sa couleur devient plus intense après un bon froid. Derrière, on reconnaît un chou palmier, 'Nero di Toscana', une variété très ornementale qui peut atteindre 2 m de haut (si on le laisse monter) et dont les feuilles du bouquet terminal atteignent 60 cm de long. Et enfin, au fond, un chou fourrager. Au milieu, un tipi a été installé, sur lequel grimpent des haricots. Un seul bémol : la hauteur du potager paraît insuffisante pour les racines des choux les plus grands. Logiquement, ce potager ne doit pas avoir de fond en toile et doit reposer directement sur de la bonne terre, dans laquelle les racines des légumes peuvent plonger.

MON POTAGER EN CARRÉS

NOV.

mois par mois

Novembre marque le vrai tournant : les feuilles tombent, les températures nocturnes chutent, les plantes arrêtent de pousser… Il suffit pourtant du plus petit redoux pour que tout reparte doucement. C'est exactement sur cela que l'art du potager en carrés s'appuie.

Pas à pas | Repiquez vos laitues d'hiver

1 En octobre, réchauffez la terre en posant un plastique noir dessus. Faites un semis sous abri.

2 Plantez les plants en laissant le collet libre, tous les 15 cm. Arrosez en pluie fine.

3 Paillez la terre un peu humide avec des matériaux très secs (paille, feuilles mortes).

4 Posez par-dessus un tunnel qui maintiendra efficacement les plants à l'abri des vents et des pluies froides.

LES TRAVAUX DU MOIS

- Continuez à **penser à l'arrosage,** car la terre se dessèche même quand la température est basse. Un arrosoir par semaine suffit.
- **Ne laissez pas la terre nue** si vous ne cultivez plus rien en hiver ; posez par-dessus une bonne litière de compost à demi-mûr, des feuilles mortes, de la paille ou du fumier bien décomposé.
- **Reprenez vos notes** et refaites un plan de plantation en évitant les erreurs passées.
- **Plantez sur les bords du potager des bulbes de tulipes et de narcisses,** qui viendront l'égayer au printemps et vous inciter à reprendre sa culture.
- **Passez vos commandes de graines.** Groupez-vous avec d'autres jardiniers pour partager les graines et minimiser les coûts.
- Si vous maintenez encore des cultures dans le potager, cela vaut la peine d'investir dans **une serre de culture** (armature en tubes acier et couverture en polyéthylène, surface de 4 ou 5 m^2).Elle vous servira plusieurs années de suite. Vous la poserez juste par-dessus le carré et la rentrerez au printemps.

NOVEMBRE

Plantez 4 graines de fèves et protégez-les par un voile d'hivernage. Pulvérisez du purin d'ortie sur le sol avant la plantation, en prévention du mildiou.

Les poireaux résistent au mauvais temps et grossissent doucement. Veillez à ce qu'ils restent bien buttés. Vous pouvez les récolter petit à petit.

Plantez 5 romaines (que vous avez semées fin septembre). 'Chandor' est résistante au virus de la mosaïque de la laitue et facile de culture.

Plantez 9 ails blancs. Récoltez en ail nouveau en mai. Assurez-vous que la terre est bien décompactée et plantez les caïeux situés sur le pourtour de la gousse, plus vigoureux que ceux du centre.

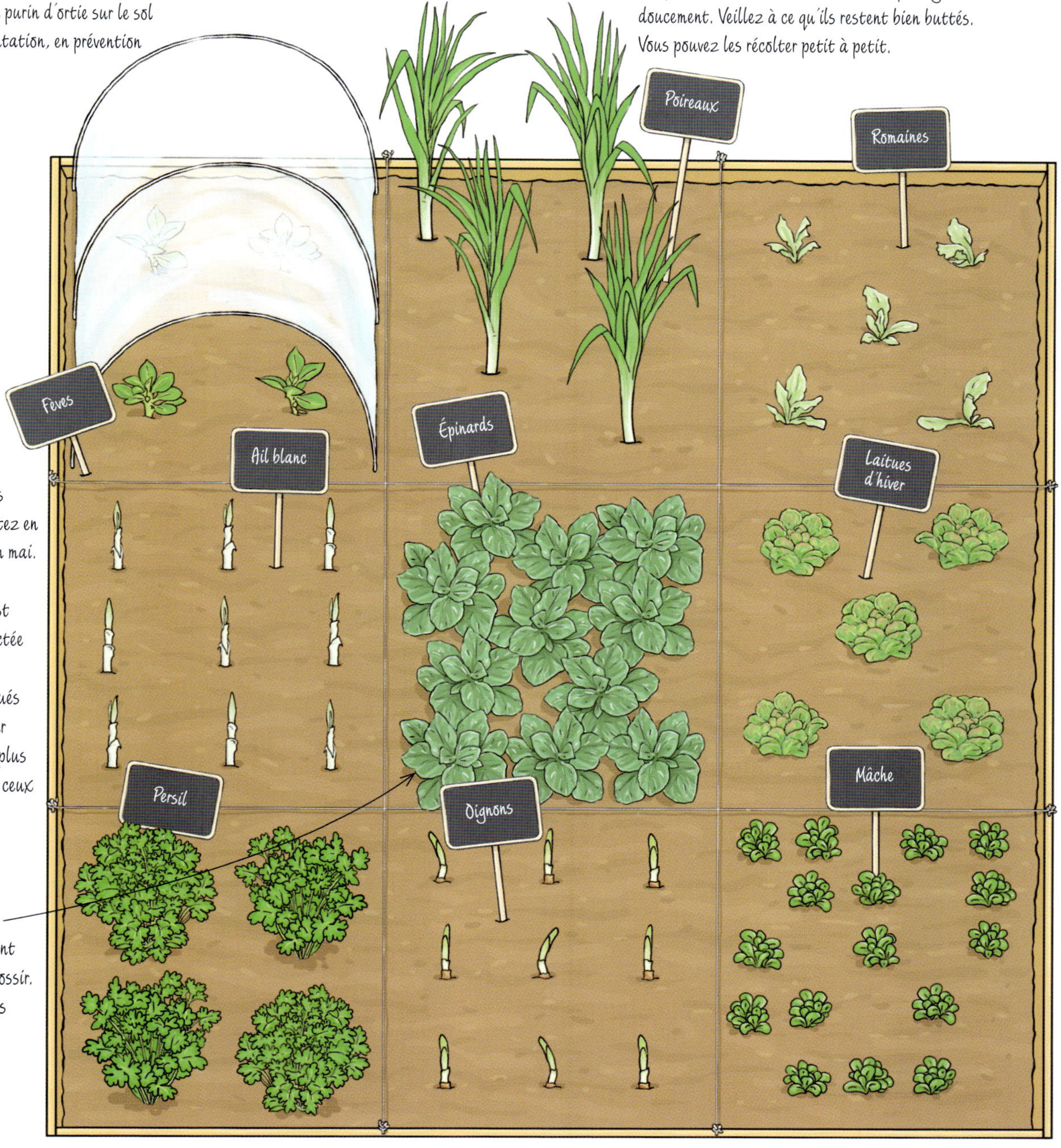

Commencez à récolter les laitues d'hiver si elles sont assez grosses.

Surveillez les épinards qui ont commencé à grossir. Des cueillettes fréquentes stimulent la pousse.

Arrachez le plant de persil du milieu pour laisser les autres grossir. Congelez-le, haché, dans des bacs à glaçons, si vous en avez trop.

Plantez en tout début de mois 9 oignons blancs pour une récolte d'avril à juin.

Récoltez une partie de la mâche (avec une paire de ciseaux, afin de ne pas soulever les racines de celles qui restent en place), pour laisser les autres plants grossir.

NOVEMBRE

BON À SAVOIR

Des aromatiques en hiver, c'est possible

Contrairement à ce que l'on pense, on peut encore avoir des aromatiques fraîches en hiver. Le thym, le romarin, la sarriette vivace, le laurier, tous arbustes persistants, continuent à donner leur feuillage. Le persil, la sauge et le cerfeuil, protégés par une cloche, peuvent aussi être récoltés jusqu'au printemps suivant, s'il ne fait pas trop froid. Ils monteront alors en graine puisqu'ils sont bisannuels. La ciboulette est encore bonne à récolter en novembre, mais il faut en profiter vite, car en décembre, elle disparaît. Si vous en avez beaucoup, congelez-la, ciselée, dans des bacs à glaçons. Le basilic peut poursuivre quelque temps en pot, à la maison, derrière une fenêtre. La verveine citronnelle et la citronnelle peuvent hiverner dans une véranda fraîche.

NOVEMBRE

À NE PAS FAIRE	À FAIRE
☹ Jeter les caïeux d'ail que vous avez en trop, alors qu'ils sont bons et prêts à redonner de nouveaux plants.	☺ Plantez-les au pied des rosiers et des petits fruitiers : ils passent pour éloigner un peu les maladies.
☹ Rentrer la verveine citronnelle à la maison. Elle n'aime pas le manque de lumière et la sécheresse de l'air.	☺ Rentrez-la dans une véranda fraîche (5 à 10 °C) et réduisez les arrosages.
☹ Penser que les limaces et les escargots hivernent. Ils sortent au moindre redoux et se montrent particulièrement voraces !	☺ Poursuivez le ramassage des indésirables, dont les merles se régaleront une fois par semaine ou lors de chaque redoux.
☹ Planter des variétés tardives de tulipes et de narcisses. Les plus tardives finissent de fleurir en juin, à un moment où le potager est rempli.	☺ Plantez des variétés précoces (comme les narcisses 'Tête-à-Tête') qui commencent à fleurir début mars, quand le potager est encore vide.
☹ Apporter du compost avant de planter l'ail : cela le fait pourrir, car il ne supporte pas l'humidité stagnante.	☺ Au fond du trou de chaque caïeu, déposez une petite poignée de sable, pour le drainage.
☹ Ne pas protéger les cultures qui restent en place (comme les poireaux, les choux, les bettes). Elles vont s'abîmer alors qu'elles sont encore bonnes à récolter.	☺ Posez des arceaux recouverts de voile d'hivernage bien maintenu au sol ou des mini-tunnels, qui vous permettront de récolter tard en saison.

Vous auriez aussi pu…

SEMER des **laitues d'hiver** comme **'Florian'**, des **fèves** sous abri et dans les régions de climat doux, des **carottes** sous abri, des **petits pois** précoces en climat doux.
PLANTER de l'**ail violet**, des **choux pommés**, des **échalotes**.

LE GESTE DU MOIS

Placer des protections

En voici quatre types :

- Les cloches sont parfaites pour les plants individuels (en plastique, c'est moins cher et elles ne cassent pas facilement). Soulevez-les avec un petit bâton fourchu quand il fait doux.
- Le voile d'hivernage recouvre tout le potager. Il en existe de très épais, composés d'un voile classique en polypropylène de 30 g/m², contrecollé à un voile en ouate de polyester de 55 g/m². Il constitue une bonne barrière contre le gel et le vent, tout en laissant la plante respirer.
- Les mini-tunnels sont très pratiques, légers et facilement manipulables. Ils peuvent servir jusqu'au mois de mai, car ils s'ouvrent aux deux extrémités et protègent les plantes du soleil et du vent le jour, de l'humidité et du froid la nuit.
- Les bonnes vieilles feuilles mortes restent un matériau gratuit, renouvelable et isolant.

Démarrer sur de bonnes bases

C'est le moment idéal pour construire son potager en carrés. Plutôt que de décaper la pelouse, autant poser des cartons sur l'herbe. Par-dessus, on entasse une couche de compost, puis autant de feuilles mortes que possible. Le tout se décomposera pendant l'hiver, diminuant de moitié de volume. Il n'y aura plus qu'à compléter par du bon terreau en sac au printemps (mélangez 2 sacs de bon terreau horticole pour un sac de terre végétale, qui contient un peu d'argile).

Notez ici les bords des potagers d'au moins 30 cm de hauteur. Cela permet de cultiver des légumes racines comme les carottes. De plus, le grand volume de terre se dessèche moins vite en été. Une remarque cependant : la largeur des allées entre les potagers aurait pu être un peu plus importante, notamment pour faire pousser des plantes volumineuses sur l'extérieur du potager, comme des courgettes non coureuses.

MON POTAGER EN CARRÉS

DÉC.

mois par mois

Le mois de décembre est peut-être le mois le plus creux du potager en carrés, d'autant que l'on a plus la tête aux fêtes de fin d'année qu'au jardinage. Mais ce petit carré peut encore donner… pour qui sait s'y intéresser.

Pas à pas | Plantez des bulbes

1 Nettoyez le sol des débris végétaux, décompactez-le et nivelez la surface.

2 Achetez environ 3 douzaines de tulipes et narcisses en mélange, et une barquette de 8 à 10 plants de myosotis.

3 Avec le plantoir à bulbes, plantez les bulbes (de 3 fois leur hauteur) et les myosotis, sur le pourtour du carré.

4 Couvrez avec un voile d'hivernage maintenu avec des pierres.

LES TRAVAUX DU MOIS

- En prévention des maladies, **faites un deuxième passage avec une pulvérisation de purin d'ortie sur le sol des fèves.**
- **Conservez plus de laitues à forcer qu'il n'en faut pour le carré,** dans un coin du jardin, car il se peut qu'il y ait de la perte.
- **Abritez les laitues d'hiver.** Bien qu'elles soient résistantes aux intempéries, elles seront plus belles si elles sont un peu protégées.
- **Posez un voile par-dessus le carré** si le temps est à la neige. Ajouté à la couche de neige, il constitue un excellent matelas protecteur si le froid s'intensifie.
- **Passez en revue vos outils :** aiguisez les lames du sécateur, de la bêche, des cisailles. Désinfectez vos tuteurs à l'alcool à brûler.
- **Faites germer des graines (bio)** à l'intérieur, à consommer à peine germées ou bien au stade cotylédon.
- **Faites le tri dans vos graines.**
- **Pensez à apporter eau et nourriture aux oiseaux.** N'oubliez pas la pâtée pour chat pour les hérissons.

DÉCEMBRE

Les fèves poussent (en climat doux) : buttez-les pour maintenir les tiges droites quand elles vont se charger de gousses.

Plantez 5 laitues à forcer en tout début de mois. Elles aiment les terres riches. Recouvrez d'une bonne litière de paille et protégez par un mini-châssis ou mini-tunnel. 'Merveille d'Hiver' ou 'Passion Blonde à Graine Blanche' sont très résistantes au froid.

La romaine pousse. Ne coupez pas les feuilles de l'extérieur qui jaunissent : elles participent à la protection contre le froid. Il sera temps de les couper au moment de la récolte.

L'ail blanc pousse. S'il pleut beaucoup, posez une grande feuille de plastique par-dessus, que vous ôterez quand il arrêtera de pleuvoir, ou abritez-le sous un mini-tunnel plastique. L'ail n'aime pas avoir les pieds dans l'eau.

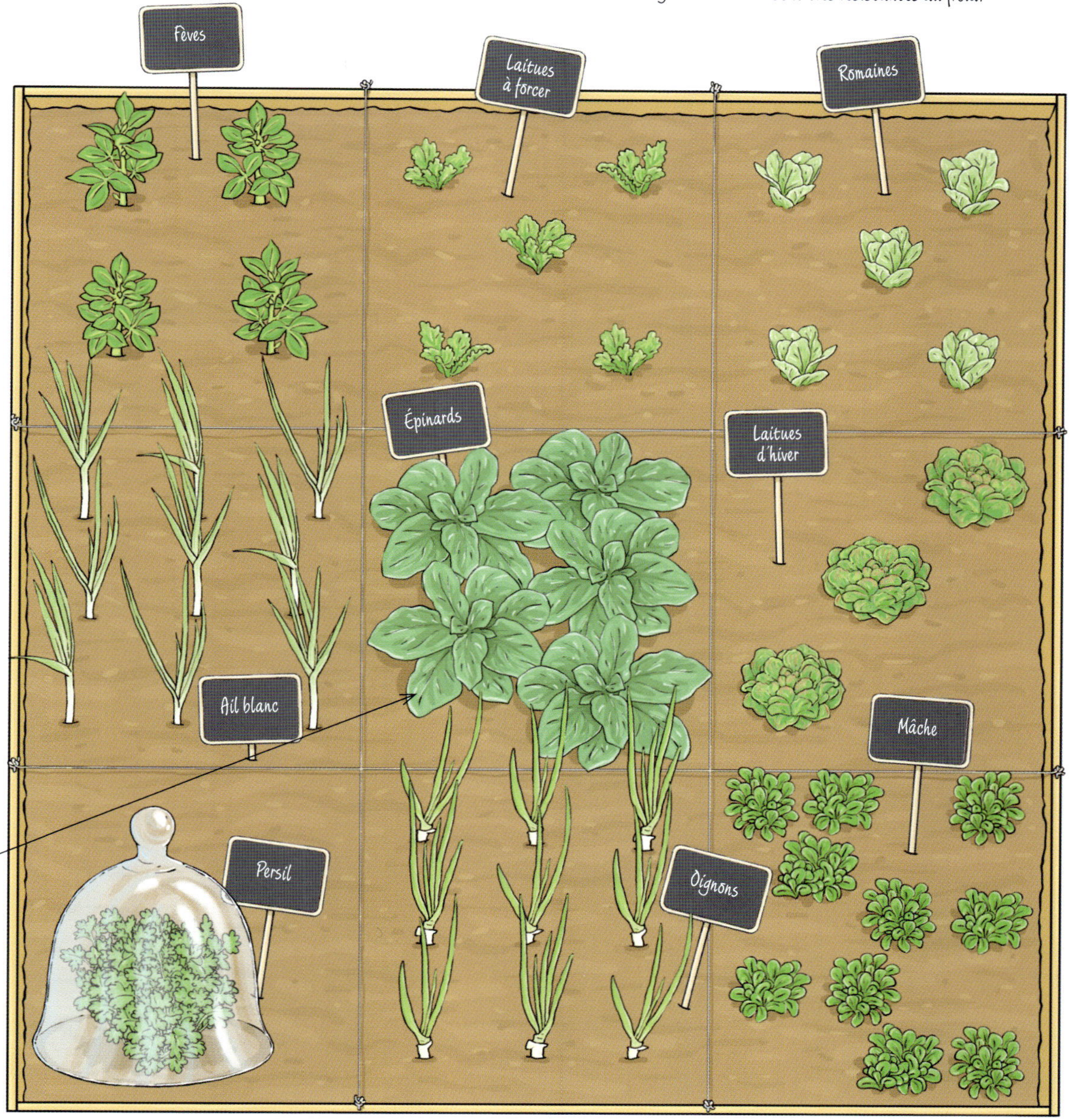

Récoltez les laitues d'hiver.

Les épinards poussent lentement... Ne touchez à rien !

Mettez le persil sous cloche : s'il ne fait pas trop froid, il peut continuer à produire.

Les oignons blancs poussent. Abritez-les de la pluie comme l'ail.

Consommez la mâche au fur et à mesure.

DÉCEMBRE

BON À SAVOIR

Pourquoi la laitue fane-t-elle soudain ?

Il arrive que l'on voit une laitue faner brusquement du jour au lendemain, puis sa voisine, sans raison apparente, surtout si novembre et décembre ont été doux. Il s'agit le plus souvent de larves de taupin, qui coupent net les racines. Il faut alors arracher la plante et creuser pour trouver le coupable qui, heureusement, est assez visible, car il mesure 2 cm de long. Pour attirer ces indésirables et les récolter à la main, enfoncez des carottes ou des pommes de terre coupées, à 5 cm de profondeur, face coupée en avant. Les larves viennent manger. Il suffit de venir « relever » ces pièges au moins 2 fois par jour.

DÉCEMBRE

À NE PAS FAIRE

☹ Oublier la ciboulette dans son coin, car elle est en train de disparaître.

☹ Traiter les épinards à la bouillie bordelaise si des taches apparaissent : la plante supporte mal le traitement.

☹ Ôter la neige qui tombe sur le potager. C'est un matériau isolant (quand elle n'est pas tassée), sous lequel la température reste proche de zéro.

☹ Jardiner tout seul : on a toujours trop de graines et trop de plants quand on les achète pour le potager en carrés.

☹ Oublier les aromatiques qui passent la mauvaise période dans la véranda alors qu'elles sont encore bonnes à récolter.

☹ Oublier d'ôter de temps en temps les protections mises en place. Il faut régulièrement aérer pour ne pas que les maladies s'installent.

À FAIRE

☻ C'est le moment de la dédoubler pour en faire une bordure.

☻ Contentez-vous de supprimer les feuilles qui s'abîment, sans attendre, pour éviter que la maladie se propage.

☻ Posez un voile d'hivernage sur les légumes avant qu'il neige. Quand vous le soulèverez, ne faites pas tomber la neige et ne la tassez pas !

☻ Entraînez vos voisins et amis dans l'aventure du potager en carrés. Faites vos plans de culture ensemble et partagez les graines et les plants.

☻ Cueillez les feuilles de la vraie citronnelle et celles de la verveine citronnelle, et utilisez-les fraîches ou faites-les sécher.

☻ À chaque redoux, découvrez les voiles ou ouvrez les châssis. Le plus difficile est de penser à refermer le soir (mettez l'alarme de votre réveil).

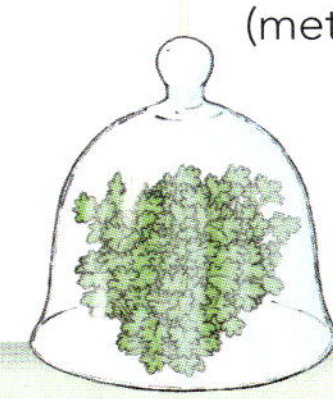

Vous auriez aussi pu...

PLANTER une mini-haie de petits ***fruits*** *à proximité du potager en carrés. Plutôt que des framboisiers, qu'il faut contenir puisque les nouveaux rameaux sortent toujours à distance des anciens, plantez des* ***cassis****, des* ***groseilliers*** *et des* ***groseilliers à maquereau*** *qui sont des arbustes restant sagement en place. PLANTER de l'****échalote grise****. CONSTRUIRE un deuxième carré.*

LE GESTE DU MOIS

Faire du terreau de feuilles

Le terreau de feuilles est un compost uniquement à base de feuilles. Les meilleures pour cela sont celles des noisetiers, bouleaux, cornus, tilleuls, peupliers… Évitez les grosses feuilles qui se décomposent lentement. Les aiguilles de pin en petites quantités peuvent aussi être ajoutées. Ramassez les feuilles et mettez-les humides dans un sac à gravats solide. Ajoutez une pelletée de compost mûr pour ensemencer en micro-organismes. Percez le sac à la fouche-bêche pour qu'il y ait de l'aération. Suspendez dans un endroit abrité. Un an plus tard, vous pourrez l'utiliser pour enrichir vos terreaux (1 partie de terreau de feuilles pour 4 de terreau classique).

Le potager idéal

Belle organisation, pour ce grand potager composé de petits potagers en carrés et qui devient un vrai « centre de production » de légumes. Six potagers en carrés, au centre, et quatre potagers en équerre, aux quatre coins, bénéficient d'une grande réserve d'eau au milieu. Les allées sont suffisamment larges, pour pouvoir circuler librement et laisser les plantes déborder à l'extérieur en été. La clôture empêche les chats et les lapins de venir dans le potager ; volontairement posée très haute, elle servira aussi, côté nord, à faire grimper des haricots à rames et des potimarrons (qui ne sont pas habituellement des légumes du potager en carrés à cause de leur vigueur). La longue plate-bande extérieure accueille des légumes trop volumineux pour un potager en carrés, comme des artichauts ou de la rhubarbe, dont on distingue ici la cloche à forcer en terre cuite.

MON POTAGER EN CARRÉS

JANV.

mois par mois

La nouvelle année commence, mais au jardin, rien ne la distingue de l'ancienne. Pourtant, si vous regardez bien, les signes avant-coureurs sont bien là : les perce-neige pointent, les oiseaux chantent différemment au premier redoux… Le potager en carrés vous attend !

Pas à pas | Soignez votre persil en hiver

1

À partir d'octobre, posez une cloche sur le persil. Laissez-la entrouverte pour que l'humidité s'évacue.

2

Pensez à arroser si le temps est au sec. Procédez le matin, pour ne pas que l'humidité stagne toute la nuit.

3

Durant la journée, si la température dépasse les 8 à 10 °C ou si le soleil brille, ôtez la cloche.

4

Coupez les feuilles qui jaunissent au fur et à mesure pour conserver des touffes bien vertes.

LES TRAVAUX DU MOIS

- **Semez du cerfeuil** que vous pourrez repiquer en février.
- **Débutez un semis de choux-fleurs au chaud,** à repiquer au mois de février.
- **Procurez-vous des plants d'échalotes bio,** en prévision du mois de février.
- **Semez sous abri des batavias en fin de mois,** que vous repiquerez fin février. Prenez une variété comme 'Dorée de Printemps', qui se sème de janvier à août.
- **Désinfectez les cloches et les abris** qui vont bientôt reprendre du service.
- **Aérez le compost et brassez le terreau de feuilles** s'il ne gèle pas.
- **Posez des pièges jaunes dans la serre et la véranda,** pour limiter les populations de moucherons du terreau.
- Si vous êtes équipé et êtes un amateur de primeurs, **semez en fin de mois, sous abri, des radis et des laitues de printemps précoces :** 'Barcelona' ou 'Reine des Glaces' se récoltent environ 2 mois après le semis.

Les fèves poussent plus ou moins vite selon les températures. Veillez à ce que le froid ne les endommage pas et qu'elles ne versent pas. Continuez à les butter.

Récoltez et consommez deux laitues à forcer.

Récoltez et consommez deux romaines.

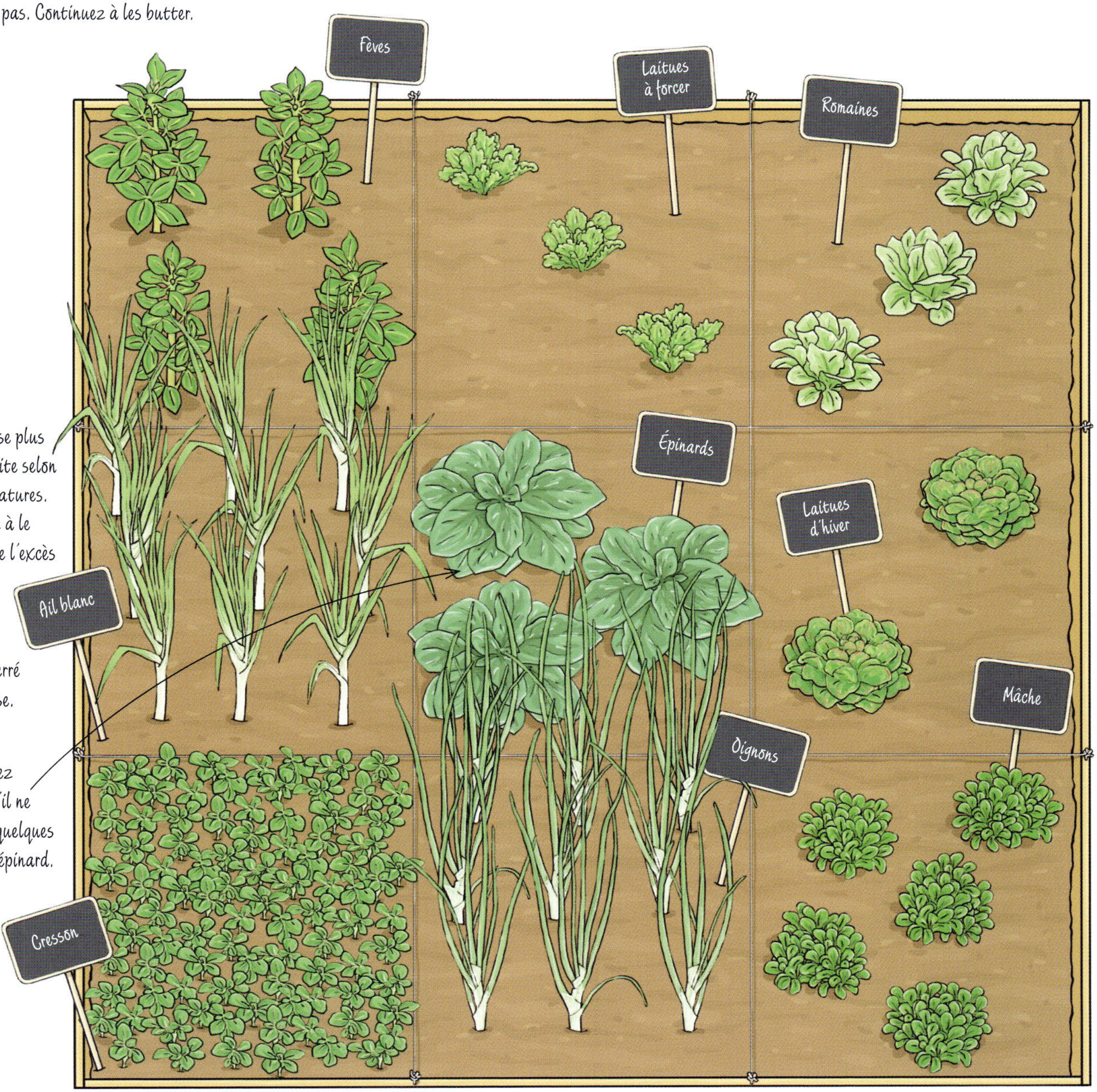

L'ail pousse plus ou moins vite selon les températures. Continuez à le protéger de l'excès d'eau. Si vous le perdez, plantez serré de l'ail rose.

Vous pouvez récolter, s'il ne gèle pas, quelques feuilles d'épinard.

Récoltez une 'Rougette de Montpellier'.

Semez du cresson terrestre. Il est plus piquant et moins tendre que le cresson des fontaines, mais il reste intéressant mélangé avec d'autres salades.

Continuez à protéger l'oignon blanc des excès d'eau.

Consommez la mâche au fur et à mesure.

JANVIER

BON À SAVOIR

Peut-on installer le potager près d'un noyer ?

Les jardiniers craignent les tanins du noyer, aussi bien dans le compost que dans le sol. Or ce ne sont pas les tanins qui posent problème (les feuilles de chêne en contiennent et on en fait un très bon compost), mais une substance, la juglone. Elle est présente dans les racines des noyers et inhibe la germination des graines et la pousse des plantes. Ce qui explique pourquoi on ne trouve pas d'arbustes sous un noyer. On trouve en revanche des plantes aux racines superficielles, qui arrivent à vivre dans les 10 premiers centimètres de terre, là où les racines de l'arbre ne sont pas. On peut donc tout à fait installer son potager en carrés près d'un noyer, côté sud bien entendu, pour ne pas avoir l'ombre. Quant au compostage, il détruit la juglone contenue dans les feuilles. Ce type de compost peut donc être utilisé sur le potager en carrés. Cependant, la tomate et la pomme de terre peuvent présenter des signes de sensibilité s'il reste d'infimes quantités de juglone.

JANVIER

À NE PAS FAIRE	À FAIRE
☹ Faire germer ses graines de batavias dans une mini-serre chauffante… trop chaude. Les batavias ne lèvent qu'entre 15 et 22 °C. Au-dessus, la germination est inhibée.	☺ Surveillez la température de la mini-serre ou faites simplement germer vos batavias sur le rebord de la fenêtre, si le temps est doux, et en les abritant avec un voile.
☹ Oublier de nourrir et d'apporter de l'eau aux oiseaux. Ou bien les nourrir avec des aliments inappropriés ou, pire, dangereux : cacahuètes salées, chips, pain dur (qui gonfle dans l'estomac s'ils en avalent une grande quantité). Ne mettez pas d'alcool dans l'abreuvoir pour éviter que l'eau gèle…	☺ Usez et abusez des graines de tournesol, qui conviennent à beaucoup d'espèces et qui sont riches en lipides. Les oiseaux seront des aides précieuses quand viendra le moment des parasites (vers et chenilles). Changez l'eau tous les jours vers midi, quand la température est au plus haut.
☹ Toucher au potager s'il gèle (c'est à dire bêcher, marcher sur la terre, arracher les légumes gelés…).	☺ Laissez-le, bien abrité sous ses voiles ou ses protections. Il dégèlera doucement le moment venu.
☹ Planter n'importe quel ail, si jamais vous perdez l'ail de la case 4. Toutes les variétés d'ail ne sont pas bonnes à planter en hiver…	☺ À cette époque, il faut planter l'ail rose pour une récolte à la mi-juillet. Pour récolter dès le printemps des « aillets », délicieux crus, plantez serré.
☹ Prendre l'ail de consommation, qui contient des inhibiteurs, peut être virosé ou provenir de pays lointains et être incapable de pousser chez nous.	☺ Achetez des plants certifiés, garantis indemnes de virus et adaptés à nos climats. Ils sont disponibles en jardineries et chez les grainetiers.

EN JANVIER

Vous auriez aussi pu…

SEMER sous abri des **carottes**, des **radis**, du **cresson**. SEMER des **fèves** dans les régions de climat doux ou sous abri, pour gagner du temps et les planter début mars. PLANTER des **ails** et des **échalotes**.

LE GESTE DU MOIS

Trier ses graines

Profitez de ce temps encore creux pour trier vos paquets de graines ouverts et ceux qui sont encore fermés. Regardez les dates sur les paquets. Éliminez tous ceux qui sont périmés et ouverts. Classez ensuite vos graines par date de péremption, pour pouvoir semer les plus anciennes en premier. L'idéal est de les stocker dans une boîte en bois non traité, au sec et à l'abri de la lumière. Le bas du réfrigérateur est aussi un bon endroit de stockage. Pour conserver vos graines très longtemps, vous pouvez les congeler, mais sachez qu'une fois vos graines décongelées, il faudra les semer et vous ne pourrez plus les recongeler.

Paillage et protection de rigueur

Ce potager est sans conteste situé dans une région de climat doux… ou bien l'hiver n'a pas encore mordu très fort. En effet, les poirées (ici, la variété 'Rhubarb Chard') sont encore consommables, du moins les feuilles du cœur, et le seront jusqu'en février si on les protège un peu. Il faut simplement supprimer les feuilles extérieures abîmées. En mars prochain, on pourra ressemer un carré de bettes, 'Bright Lights' par exemple, dont on peut déguster les feuilles crues ou cuites de 4 à 10 semaines après le semis. Il faudra aussi pailler les poireaux, disposer des bottes de paille (de plus en plus difficiles à trouver en ballots comme autrefois) autour du potager, installer des arceaux et poser un voile d'hivernage. De cette façon, les poireaux resteront faciles à arracher, même si la température descend bien en dessous de zéro. L'idéal serait d'ailleurs que la neige tombe sur le voile, car c'est le meilleur des matelas isolants.

MON POTAGER EN CARRÉS

FÉV.

mois par mois

Il arrive que le printemps montre le bout de son nez en février… C'est bien souvent une fausse alerte. Pas de précipitation donc, restez prudent, continuez à protéger le potager avec son voile d'hivernage. Mais le bout du tunnel est bien en vue !

Pas à pas | Semez du cresson alénois

1 Ôtez les débris de la précédente culture, décompactez le sol, ajoutez du bon terreau, ratissez et aplanissez.

2 Faites des trous avec le doigt de 1 cm de profondeur tous les 5 cm environ.

3 Déposez 3 graines par trou. Par la suite, vous conserverez le plant le plus beau.

4 Recouvrez d'un peu de terre fine, arrosez. Si vous avez respecté les distances, il n'y aura pas à éclaircir.

LES TRAVAUX DU MOIS

- **Nettoyez entièrement le carré** s'il a été abandonné pendant l'hiver, sinon réparez juste ce qui doit l'être.
- **Plantez des échalotes** (9 bulbes), en enfonçant les bulbes de leur hauteur. La pointe doit juste affleurer. Vous pourrez commencer les premières récoltes en vert entre avril et mai.
- **Semez un chou-fleur sous le voile d'hivernage.** Pensez à incorporer avant 3 bonnes poignées d'amendement à base de fumier sur la case, car la plante est gourmande.
- **Continuez à protéger le carré** avec un voile de forçage, car les températures sont encore basses. Ne relâchez pas votre vigilance.
- **Buttez les fèves** pour ne pas que les pieds versent.
- **Semez les carottes** sur une terre bien affinée, éventuellement sur un lit de sable. Vous pouvez les semer avec des radis, qui seront bons à récolter bien avant que les jeunes carottes aient développé 4 feuilles.

Les fèves seront bonnes à récolter, grosses comme l'ongle du pouce, vers la fin avril.

Semez un chou-fleur. 'Violet de Sicile' se sème dès fin février, s'il ne fait pas trop froid. S'il fait froid, semez au chaud, pour planter en mars. La graine lève en 8 jours à 15 °C.

Semez 25 carottes. Ne paniquez pas si rien ne pointe immédiatement, la carotte est longue à lever. Mais si la température atteint ou dépasse 6 à 8 °C, soyez certain que les graines vont lever. 'Premia' est une bonne variété à semer en février.

Essayez de protéger l'ail planté en novembre de l'excès d'eau. Posez sur la case plusieurs épaisseurs de feuilles aussi sèches que possible, ou bien abritez sous un mini-tunnel. Si vous l'avez perdu en hiver, semez à la place du cresson alénois qui sera votre première salade de printemps. Il lève en une semaine et se récolte dès la fin mars.

Récoltez une 'Rougette de Montpellier', qui commence à peine à pommer.

Plantez 5 batavias. 'Blonde de Paris' se sème de février à juillet, pour une récolte de juin à octobre.

Semez 16 graines de cerfeuil qui lèvent en 2 à 3 semaines sous un voile d'hivernage. Il sera bon à récolter dès avril.

Les oignons blancs plantés en novembre seront bons à récolter en vert vers avril.

Plantez 9 échalotes : la demi-longue 'Melchior' est résistante au mildiou.

FÉVRIER

BON À SAVOIR

S'y retrouver dans les carottes

Il existe différents types de carottes :

- **Les carottes longues** (ex. 'Longue de Meaux'), qui conviennent à la culture en terre profonde pour des récoltes en automne et en hiver.
- **Les carottes demi-longues** (ex. 'Demi-longue Nantaise'), les plus appréciées, de 15 à 20 cm de long. On les récolte en été et en automne. Il existe des variétés plus précoces avec des racines moins grosses, pour des cultures hâtées et une récolte en juin.
- **Les carottes demi-courtes** (type Chantenay), pour des récoltes en automne. Plus courtes, elles conviennent bien au potager en carrés.
- **Les carottes courtes** (ex. 'Hâtive de Hollande'), à racine très courte, avec peu de feuillage, conviennent aussi au potager en carrés. On peut les forcer sous châssis, mais on peut aussi les semer dehors pour des récoltes avant l'hiver. Elles sont bien colorées, vraiment sucrées et tendres.

FÉVRIER

À NE PAS FAIRE

Apporter du compost juste avant de planter des échalotes : elles risquent de pourrir, car le compost retient l'humidité.

Apporter du compost sur la case « carottes » : il peut abriter des larves de taupins qui se régalent de leur racine.

Semer ses carottes seules. Elles mettent beaucoup de temps à germer, ce qui explique que l'on doive les désherber soigneusement jusqu'à ce que leurs feuilles fassent suffisamment d'ombre au sol.

Laisser le voile d'hivernage en permanence. Bien que le tissu « respire », l'humidité s'accumule. S'il s'agit d'un plastique, retirez-le le plus tôt possible.

Semer n'importe quelle variété de batavia : toutes ne se sèment pas en début d'année, loin s'en faut ! Si on se débrouille bien, on peut d'ailleurs semer des laitues pratiquement toute l'année !

À FAIRE

Contentez-vous de bien nettoyer la case, d'apporter un peu de sable ou de pouzzolane fine si vous trouvez le terreau compacté.

Contentez-vous de griffer légèrement la terre avant de semer pour la décompacter.

Vous avez le temps de faire ce que l'on appelle une « culture dérobée », surtout dans une région au climat doux : semez des radis que vous récolterez juste au moment où les carottes lèveront, dans un mois.

Découvrez le carré à chaque redoux, pour que l'humidité stagne le moins possible. C'est contraignant, mais le résultat en vaut la peine !

La 'Laitue de Pierre Bénite' et la laitue 'Dorée de Printemps' se sèment de janvier à début août, pour une récolte de mars à fin septembre, pour la première, et de mai à novembre, pour la seconde.

Vous auriez aussi pu...

SEMER des **fèves** en région de climat doux. Commencer à SEMER à la fin du mois, s'il ne fait pas trop froid, **coriandre, ciboulette, persil, chou-fleur, carottes**... SEMER du **cresson alénois**. PLANTER des **oignons**. SEMER à l'abri des **pois mangetout.**

LE GESTE DU MOIS

Préparer la nouvelle saison

Si votre potager a été abandonné en hiver, ne culpabilisez pas. Une petite heure de travail et il sera de nouveau prêt pour le service ! Commencez par vérifier les bords et réparez ce qui s'est décloué ou dévissé. Ôtez les tuteurs, les treillis, nettoyez-les et passez-les à l'alcool à brûler pour les désinfecter. Puis débarrassez la surface du terreau de tous les débris végétaux éventuels. Ôtez les 5 premiers centimètres de terre, les plus appauvris par le lessivage dû aux arrosages, et mettez-les sur les massifs du jardin. Bêchez ensuite pour décompacter la terre et retirez les larves qui s'y seraient installées. Terminez en apportant un sac de terreau pour potager tout neuf. Ajoutez un seau d'amendement organique. Mélangez à la rotogriffe ou à la fourche-bêche, ratissez… vous voilà prêt pour une nouvelle aventure !

Vive les premiers semis sous abri !

La neige est tombée, mais manifestement, aucune culture ne se trouve plus dans ce potager. C'est dommage, car bien protégés, les poireaux auraient encore pu être récoltés, tout comme les betteraves, les carottes de garde, quelques navets et même quelques branches de persil ! Il n'y a donc plus grand-chose à faire ce mois-ci, si ce n'est ramasser tous les tuteurs qui traînent, les outils, les pots vides, les cloches. Il faut les désinfecter à l'alcool à brûler, tout simplement, et les stocker au sec en attendant le printemps… qui est en marche ! Pour patienter, on peut aussi commencer dans la serre les premiers semis de pois (potagers et de senteur), qui ne sont jamais aussi beaux que démarrés très tôt et cultivés quand il fait encore frais. Semez 3 pois par godet et supprimez les 2 plus faibles quand les plantules possèdent 3 ou 4 belles feuilles. On peut aussi semer, dans la serre abritée, les poireaux d'été et les scaroles.

Fiches de culture

Dans toutes les fiches,
le nombre de plantes est indiqué pour des carrés de 40 x 40 cm.

Les 4 meilleures salades

Claytone de Cuba

Claytonia perfoliata (ou Montia perfoliata)

Catégorie Légume feuille non rustique, annuel.
Famille Portulacacées.
Hauteur 15 à 20 cm.
Largeur 5 à 10 cm.
Exposition Plein soleil et chaleur.
Bonnes variétés Il n'existe pas de variété, seule l'espèce est cultivée.
Plantes/carré 10 à 15 plants au départ, moins au fur et à mesure de la consommation.
Semis Mars-avril, sous châssis, repiquage 3 à 4 semaines plus tard. Ou de mai à juillet, directement en place, sans repiquage, en éclaircissant éventuellement. Un semis tardif, en octobre ou en novembre, protégé, permet une récolte d'hiver et de printemps.
Profondeur 2 à 3 mm.
Levée 5 à 10 jours sous un voile de forçage, à 15-22 °C.
Du semis à la récolte 60 jours.
Arrosage Sans excès.
Récolte Récoltez les feuilles quand elles sont jeunes, une à une et ajoutez-les à vos salades composées. Attention, les feuilles cueillies se conservent peu, 2 ou 3 jours au maximum dans un réfrigérateur. Récoltez selon vos besoins.

Coupez la plante aux ciseaux lorsque les fleurs apparaissent. Elle repousse ensuite si on l'arrose bien. Elle s'est échappée des jardins et a colonisé les fourrés et les bois des littoraux où elle abonde par endroits, notamment dans le golfe du Morbihan.

Laitue à couper

Lactuca sativa var. crispa

Catégorie Légume feuille non rustique, annuel.
Famille Astéracées.
Hauteur 25 cm.
Largeur 25 cm.
Exposition Plein soleil, sauf lorsqu'elles sont très jeunes. Abritez-les alors avec une caissette retournée.
Bonnes variétés 'Feuille de Chêne Blonde', rustique, supporte bien la chaleur. 'Rouge de Trente' (que l'on trouve aussi sous son nom italien 'Rossa di Trento', a le gros avantage, si elle est bien abritée, de continuer à produire tout l'hiver. De plus, ses feuilles sont fortement teintées de rouge, ce qui en fait une variété décorative dans nos salades mélangées.
Plantes/carré 5 à 7 plants.
Semis De février à juillet.
Profondeur 2 mm.
Levée 4 ou 5 jours sous un voile de forçage, à 15-22 °C.
Du semis à la récolte 7 à 8 semaines.
Arrosage Très régulier, sans excès.
Récolte Prélevez les feuilles dès qu'elles sont manipulables en les coupant aux ciseaux, près de la tige, sans déloger les racines.

Arrosez très régulièrement pour retarder le moment où elles vont monter en graine.

Laitue pommée

Lactuca sativa

Catégorie Légume feuille non rustique, annuel.
Famille Astéracées.
Hauteur 10 à 20 cm.
Largeur 15 à 25 cm.
Exposition Plein soleil, sauf lorsqu'elles sont très jeunes. Abritez-les alors avec une caissette retournée.
Bonnes variétés 'Sucrine', une petite laitue grasse et charnue, aux feuilles épaisses et croquantes. Elle supporte la chaleur. Essayez aussi une variété très précoce, 'Reine de Mai Pleine Terre', qui se sème en février-mars et se récolte en mai-juin.
Plantes/carré 5 à 7 plants selon la grosseur.
Semis De février à avril, sous châssis, repiquage 6 semaines plus tard. Ou d'avril à juillet, directement en place, sans repiquage, mais en éclaircissant.
Profondeur 2 mm.
Levée 4 ou 5 jours sous un voile de forçage, à 15-22 °C.
Du semis à la récolte 8 à 10 semaines.
Arrosage Très régulier, sans excès.
Récolte Récoltez-les quand elles sont jeunes. Coupez d'abord celle du milieu au couteau, puis les 4 autres, une à une, au fur et à mesure des besoins.

La gamme des variétés est large. Choisissez de préférence des variétés résistantes aux maladies, et pour vos cultures d'été, des variétés résistantes à la chaleur.

Roquette

Eruca sativa (roquette cultivée)
ou *Diplotaxis sylvatica* (roquette sauvage)

Catégorie Légume feuille non rustique, annuel.
Famille Brassicacées.
Hauteur 15 à 20 cm.
Largeur 5 à 10 cm.
Exposition Plein soleil.
Bonnes variétés Roquette sauvage 'Liscia', au feuillage large et peu découpé, ou 'Voyager', au feuillage très découpé, très érigée, très lente à monter en graine. La roquette cultivée, aux feuilles plus larges, est aussi plus douce que la variété sauvage.
Plantes/carré 10 à 12 plants au départ, moins au fur et à mesure de la consommation.
Semis De février (sous abri), mars (pleine terre, sol à 10 °C) à octobre (en place).
Profondeur 3 mm.
Levée 10 à 15 jours, à 10 °C.
Du semis à la récolte 30 à 45 jours.
Arrosage Régulier, pour que les feuilles ne deviennent pas fibreuses.
Récolte Récoltez les feuilles lorsqu'elles sont jeunes, une à une. Selon les espèces, on peut récolter de 2 à 5 fois sur le même plant à des intervalles de 10 à 30 jours.

Les feuilles ont un goût piquant. Mélangez la roquette à des feuilles plus douces, comme la claytone ou la laitue.

Les 4 légumes apéritif

Céleri branche

Apium graveolens var. *dulce*

Catégorie Légume feuille.
Famille Apiacées.
Hauteur 40 cm.
Largeur 10 à 15 cm.
Exposition Soleil.
Bonnes variétés 'D'Elne', pour ses côtes rondes et charnues. 'Tall Utah' est l'un des plus aromatiques, avec des côtes épaisses qu'il faut récolter jeunes. 'Martine' est une variété originale, avec des côtes rouges. Et si vous rencontrez des problèmes de maladies, choisissez des variétés résistantes comme 'Darklet', résistant à la septoriose, ou 'Daybreak', rarement malade et qui ne monte pas facilement en fleur. Enfin, 'Tango' est l'une des variétés les plus appréciées, avec de belles côtes lisses vert foncé et tendres.
Plantes/carré 5 plants.
Semis Mars, repiquage en avril.
Profondeur 0,5 cm.
Levée 20 jours.
Du semis à la récolte 5 mois.
Arrosage Régulier. Paillez pour conserver la fraîcheur.
Récolte De juillet à novembre. Dix jours avant de récolter et une semaine avant de les cueillir, liez les plantes avec du raphia pour les faire blanchir. Coupez toute la plante ou récoltez seulement feuille à feuille, selon vos besoins.

Achetez plutôt des plants, car le semis est long.

Concombre

Cucumis sativus

Catégorie Légume fruit.
Famille Cucurbitacées.
Hauteur 2 m et plus.
Largeur 50 à 80 cm.
Exposition Soleil.
Bonnes variétés 'Rawa', mini-concombre de bonne qualité ; 'Champion', hâtif et non coureur, idéal pour le potager en carrés ; 'Byblos' (Vilmorin), le must de la douceur, ne demande pas de taille.
Plantes/carré 1 plant.
Semis Mars ou avril, au chaud. Dehors, attendez qu'il fasse plus de 12 °C, car le concombre ne germe pas en dessous de cette température.
Profondeur 2 cm.
Levée 6 à 10 jours.
Du semis à la récolte 3 à 4 mois.
Arrosage Régulier. Paillez au pied. De temps en temps, arrosez au purin d'ortie dilué.
Récolte De juillet à octobre. Récoltez jeune, à 10-15 cm de long.

Apportez du compost à la plantation. Il est important de tailler au-dessus de la 4e feuille. Les rameaux secondaires qui pousseront ensuite seront taillés au-dessus de la 5e feuille. Conservez sur chaque plante uniquement 4 ou 5 fruits en permanence. Lorsqu'ils atteignent 10 à 12 cm, commencez à récolter et laissez-en d'autres se former.

Radis

Raphanus sativus

Catégorie Légume racine.
Famille Brassicacées.
Hauteur 10 cm.
Largeur 5 cm.
Exposition Soleil à mi-ombre.
Bonnes variétés 'Fluo', un demi-long qui n'est quasiment jamais piquant ; 'Gaudo', un rond idéal en culture précoce, quand le carré n'est pas complètement rempli.
Plantes/carré 25 plants.
Semis De mars à juin, puis en septembre.
Profondeur 1 cm pour les longs, en surface pour les ronds.
Levée 5 à 8 jours, à 10 °C.
Du semis à la récolte 3 à 6 semaines.
Arrosage Très régulier, sinon le radis se creuse et pique.
Récolte De fin mars à mi-juillet, puis en septembre. Arrachez dès que le radis atteint sa taille adulte. Avant, si vous avez éclairci, les petits radis se mangent avec leurs feuilles, en mesclun. Ne jetez pas les fanes : avec un oignon et une pomme de terre, vous ferez de délicieuses soupes pleines de vitamines et de minéraux.

Ne serrez pas trop les radis, sinon les racines restent filiformes.

Tomate

Solanum lycopersicum

Catégorie Légume fruit.
Famille Solanacées.
Hauteur 40 cm à 2 m et plus selon les variétés.
Largeur 25 à 80 cm.
Exposition Soleil, mais pas brûlant.
Bonnes variétés Il existe des dizaines de bonnes variétés. Nos préférées : 'Green Zebra', pour sa chair sucrée et sa couleur ; 'Gold Nugget', une petite tomate cerise fondante ; 'Cœur de Bœuf', l'une des meilleures en salade.
Plantes/carré 1 plant.
Semis Avril, au chaud, repiquage en mai.
Profondeur 0,5 cm.
Levée 1 semaine environ, à 20 °C.
Du semis à la récolte 75 à 90 jours.
Arrosage Arrosez au pied, surtout pas par le dessus. S'il pleut trop fréquemment, abritez le pied sous un abri provisoire en plastique.
Récolte De juillet à octobre. Tournez le fruit dans votre main : si le pédoncule casse, la tomate est mûre. Les dernières tomates, qui peinent à mûrir quand la température baisse, vers le début du mois d'octobre, peuvent quand même être récoltées. On peut les laisser sur la tige et couper cette dernière, que l'on suspendra ensuite à la maison, dans la cuisine. Si les tomates sont déjà bien avancées, elles finiront par rougir.

Il faut un sol léger et riche. Avant la plantation, apportez une bonne pelletée par plant d'amendement à base d'algues et de fumier, que vous mélangerez à la terre sur 20 cm de profondeur.

Les 4 légumes d'été

Aubergine

Solanum melongena

Catégorie Légume fruit.
Famille Solanacées.
Hauteur 60 à 80 cm.
Largeur 60 cm.
Exposition Plein soleil et chaleur.
Bonnes variétés 'Avan', pour sa résistance aux maladies et sa précocité, ou 'Falcon', compacte et sans épines. La 'Blanche Ronde à Œufs' donne de curieux fruits ovoïdes, blanc nacré, gros comme un œuf de cane. La chair est douce, pas amère. Le plant n'est pas très développé et convient bien au potager en carrés ou à la culture en pot.
Plantes/carré 1 plant.
Semis Mars-avril, sous abri, repiquage mi-mai.
Profondeur 0,5 cm.
Levée 1 à 2 semaines.
Du semis à la récolte 5 mois.
Arrosage Régulier, sans à-coups.
Récolte D'août à octobre. Cueillez quand les fruits sont noirs et ne grossissent plus.

Pincez la tige quand la plante atteint 40 cm de haut. Elle pousse assez lentement. Au début, vous avez le temps de planter des laitues ou de semer de la roquette ou de la claytone à leur pied.

Courgette

Cucurbita pepo

Catégorie Légume fruit.
Famille Cucurbitacées.
Hauteur 60 cm.
Largeur 60 cm.
Exposition Plein soleil et chaleur.
Bonnes variétés 'De Nice à Fruit Rond', facile à cultiver, donne des courgettes rondes. Parmi ses hybrides, citons 'One Ball', aux fruits jaune d'or de 8 cm de diamètre, à la saveur très fine ; 'Sunny', mini-courgette coureuse, aux fruits de 10 cm de long, productive.
Plantes/carré 1 plant.
Semis Mars-avril, au chaud, repiquage en mai.
Profondeur 2 cm.
Levée 6 à 10 jours.
Du semis à la récolte 8 à 10 semaines.
Arrosage Régulier.
Récolte De juillet à octobre.

La courgette non coureuse doit être plantée sur le rebord du cadre, pour se développer à l'extérieur. Si on choisit une variété coureuse, il faut la mettre dans un carré au nord et la faire grimper sur un treillage.

Piment

Capsicum annuum

Catégorie Légume fruit.
Famille Solanacées.
Hauteur 30 à 60 cm.
Largeur 15 à 30 cm.
Exposition Plein soleil. Le piment ne supporte pas des températures inférieures à 10 °C.
Bonnes variétés Il existe des piments doux ('Piment Long des Landes') et des piments plus ou moins forts, dont l'excellent piment d'Espelette.
Plantes/carré 1 ou 2 plants selon la variété.
Semis De janvier à mars-avril, sous abri, repiquage en mai.
Profondeur 0,5 cm.
Levée 7 à 10 jours.
Du semis à la récolte 70 à 100 jours.
Arrosage Très régulier.
Récolte De juillet à novembre. Attention, lorsque vous manipulez des piments, portez systématiquement des gants. En effet, la capsaïne contenue dans les piments et responsable de leur caractère piquant se dépose sur les doigts et peut provoquer des brûlures si vous vous frottez les yeux, le nez ou le visage. Faites sécher vos piments pour pouvoir les consommer tout au long de l'année, au four à 50 °C, porte ouverte, plusieurs heures de suite.

Le piment est plus long que le poivron à se former. Démarrez les semis tôt si vous avez une serre ou une véranda, sinon achetez des plants.

Poivron

Capsicum annuum

Catégorie Légume fruit.
Famille Solanacées.
Hauteur 30 à 90 cm.
Largeur 30 cm.
Exposition Plein soleil, 18 °C au minimum.
Bonnes variétés 'Esterel', une bonne variété précoce, facile à réussir car très résistante aux maladies. Vous pouvez aussi cultiver des variétés plus rares, comme 'Tequila', à la robe pourpre, presque noire et à la chair douce, encore assez peu vendue. Pour les petits potagers en carrés, choisissez des variétés de mini-poivrons, comme 'Hunor', aux fruits pointus et qui ne dépasse pas 50 cm de haut. Ses fruits, au départ verts, deviennent crème puis rouge orangé à maturité.
Plantes/carré 1 plant.
Semis Avril, sous abri, repiquage mi-mai.
Profondeur 0,2 cm.
Levée 14 jours, à 20 °C.
Du semis à la récolte 60 à 80 jours.
Arrosage Régulier, ne pas laisser sécher.
Récolte De juillet à octobre.

La germination est parfois aléatoire. Prévoir 2 fois plus de graines que la normale.
On peut cueillir les poivrons verts ou attendre qu'ils mûrissent et deviennent rouges.
La végétation est lente au début, c'est normal.
Elle s'accélère ensuite avec la chaleur.

Les 4 légumes du gourmand

Fève

Vicia faba

Catégorie Légume graine.
Famille Fabacées.
Hauteur 60 à 80 cm.
Largeur 40 cm.
Exposition Soleil.
Bonnes variétés 'De Séville', 'De Aguadulce'. Essayez aussi 'Witkiem' race Major, une variété très précoce, qui donne de bons rendements et résiste bien à des conditions climatiques défavorables. 'The Sutton' est bien adaptée aux potagers en carrés, car c'est une variété naine qui ne dépasse pas 40 cm de haut. Elle est cependant très productive.
Plantes/carré 5 plants.
Semis Février-mars ou septembre-octobre en climat doux.
Profondeur 5 cm.
Levée 1 semaine.
Du semis à la récolte 90 à 120 jours.
Arrosage Régulier.
Récolte En juin pour les semis de février-mars et en mai pour les semis de septembre-octobre (dans le midi seulement). Les gousses sont récoltées lorsque les graines arrivent presque à maturité et qu'elles sont de la taille d'un ongle.

Buttez quand les plantes ont 20 cm de haut. Ne les mettez pas à côté de l'ail, d'échalotes, d'oignons ou de pois.

Haricot vert

Phaseolus vulgaris

Catégorie Légume graine.
Famille Fabacées.
Hauteur 30 cm à 1 m et plus.
Largeur 30 cm et plus.
Exposition Soleil à mi-ombre.
Bonnes variétés 'Velour', violet foncé à l'extérieur, très fin, très productif, très résistant. 'Oxinel', très productif, très longues gousses sans fil. 'Purple Teepee', à gousses violettes, et 'Golden Teepee', à gousses jaune d'or, donnent tous deux des haricots portés bien au-dessus du feuillage, ce qui facilite la récolte. Une autre variété, 'Easy Pick', a été conçue pour qu'à la cueillette, les gousses se détachent sans le pédoncule, qui reste sur la plante. L'équeutage est donc grandement facilité.
Plantes/carré 5 plants.
Semis D'avril à juillet.
Profondeur 1 cm.
Levée 1 semaine.
Du semis à la récolte 60 à 90 jours.
Arrosage Régulier quand il fait chaud.
Récolte De juillet à octobre.

Palissez les variétés grimpantes sur un treillage au nord. Semez après des laitues ou des radis. Quand le plant ne produit plus, coupez-le et laissez les racines en terre : elles portent des petits nodules qui contiennent de l'azote.

Melon

Cucumis melo

Catégorie Légume fruit.
Famille Cucurbitacées.
Hauteur 80 cm et plus.
Largeur 60 cm.
Exposition Soleil et chaleur.
Bonnes variétés 'Alienor', car c'est une variété résistante aux maladies ; 'Savor' n'éclate pas et est reconnu comme l'une des variétés les plus sucrées. Si vous voulez vous éviter la corvée de la taille, choisissez 'Figaro', qui ne se taille pas et produit de beaux fruits plutôt lisses, aux sillons bien dessinés et pesant plus de 1 kg chacun. Il est reconnu pour ses qualités gustatives et résiste bien au fusarium et à l'oïdium.
Plantes/carré 1 plant.
Semis Mars-avril, sous abri, ou mai-juin, en place.
Profondeur 0,5 à 1 cm.
Levée 1 semaine.
Du semis à la récolte 120 à 150 jours.
Arrosage Régulier, sans laisser sécher la terre.
Récolte De juillet (pour ceux semés en mars) à octobre. Attention, quand la température descend au-dessous de 15 °C, les melons mûrissent plus difficilement : protégez-les la nuit avec un voile pour leur éviter d'avoir froid. On peut récolter les melons quand le fruit devient plus clair et que l'on aperçoit un craquèlement autour du pédoncule.

Le melon aime la proximité du poireau qui le protège des parasites comme le fusarium.

Petit pois

Pisum sativum

Catégorie Légume graine.
Famille Fabacées.
Hauteur 40 cm à 1 m.
Largeur 30 cm.
Exposition Plein soleil.
Bonnes variétés Les pois ronds résistent bien au froid, mais sont moins sucrés ; les ridés sont plus sucrés, ont plus de goût, mais sont plus sensibles au froid. On a un faible pour 'Télévision', très productif, aux grains très sucrés. Essayez les pois d'hiver comme 'Sima', qui se sèment en automne. Ils résistent à – 20 °C s'ils sont protégés par un voile de forçage et une couverture de neige. 'Sima' donne des grains ridés dans des gousses jumelées. La récolte sera beaucoup plus précoce que celle donnée par un semis de printemps.
Plantes/carré 4 plants.
Semis Février-mars, sous abri, ou octobre-novembre, en climat doux.
Profondeur 2 cm.
Levée 10 à 20 jours.
Du semis à la récolte 90 à 120 jours.
Arrosage Régulier.
Récolte De juillet à octobre. Récoltez les pois tous les 2 ou 3 jours, de la base au sommet. Une cueillette régulière encourage la formation des autres pois.

Les variétés grimpantes sont à semer au nord ou sur un tipi dans le carré du milieu.

Les 4 légumes du curieux

Épinard-fraise

Chenopodium capitatum

Catégorie Légume fruit.
Famille Chénopodiacées.
Hauteur 30 à 60 cm.
Largeur 20 à 30 cm.
Exposition Soleil.
Bonnes variétés Il n'existe pas de variété, seule l'espèce est cultivée.
Plantes/carré 5 plants.
Semis Avril-mai.
Profondeur 1 cm.
Levée 1 semaine.
Du semis à la récolte 2 mois.
Arrosage Régulier, sans excès.
Récolte On cueille les jeunes feuilles de l'épinard-fraise. Elles se dégustent en salade ou cuites comme l'épinard. Après la floraison, des fruits apparaissent, rouges et juteux, plus curieux que goûteux. Ils se consomment frais ou en confiture.

L'épinard-fraise se ressème spontanément. L'épinard-fraise étant un légume plutôt inhabituel, on le voit rarement dans les jardineries, même les plus grandes. Il arrive que l'on trouve des graines, quasiment jamais de plants. Vos jeunes semis spontanés pourront donc être repiqués avec soin l'année suivante dans votre propre potager en carrés, ou bien offerts à des amis jardiniers qui sauront apprécier la rareté et l'originalité de la plante.

Oca

Oxalis tuberosa

Catégorie Légume tubercule.
Famille Oxalidacées.
Hauteur 40 à 50 cm.
Largeur 1 m.
Exposition Soleil.
Bonnes variétés Il existe des ocas de toutes les couleurs : jaunes, rouges, blanc et rouge, rouge foncé et noir, dont les goûts sont semblables.
Plantes/carré 2 plants.
Plantation Avril.
Profondeur 5 à 10 cm.
Levée 2 semaines.
De la plantation à la récolte 8 mois.
Arrosage Régulier, sans excès.
Récolte C'est une plante de jours courts, ce qui signifie que les tubercules ne commencent à se former qu'en octobre. On ne les récolte que début novembre : avant, ils sont trop petits. Heureusement, l'oca ne craint pas de petits gels. Les tubercules peuvent aussi se conserver dans un endroit frais, comme la cave, dans une caissette remplie de sable légèrement humide pour éviter le dessèchement.

La plante s'étalant beaucoup, mieux vaut la planter dans un carré extérieur. Recouvrez les tiges rampantes de terre, car les tubercules se forment au niveau des nœuds de ces tiges.

Poireau perpétuel

Allium porrum

Catégorie Légume feuille.
Famille Alliacées.
Hauteur 90 cm.
Largeur 10 cm.
Exposition Soleil.
Bonnes variétés Il n'existe pas de variété, seule l'espèce est cultivée.
Plantes/carré 5 à 7 plants.
Plantation Repiquez d'août à octobre.
Profondeur 5 à 10 cm.
Levée 3 semaines.
De la plantation à la récolte 5 mois.
Arrosage Sans excès d'eau.
Récolte De novembre à mai-juin. Pas besoin de l'arracher comme un poireau classique, on le coupe en laissant 1 à 2 cm et il repousse. On peut ainsi faire plusieurs coupes dans l'année. Le bulbe peut aussi être consommé. Attention, repérez bien vos poireaux perpétuels qui disparaîtront en juillet et ressortiront plus vigoureux et plus nombreux à la fin de l'été. C'est le seul légume à présenter ce type de cycle.

Le poireau perpétuel monte rarement en graine et résiste bien au froid.

Poire-melon

Solanum muricatum

Catégorie Légume fruit, non rustique.
Famille Solanacées.
Hauteur 1 m.
Largeur 80 cm.
Exposition Plein soleil.
Bonnes variétés 'Cascade Gold', 'Miski Prolific', 'Rio Bamba', 'Toma'.
Plantes/carré 1 plant.
Plantation Bouturage en fin d'été, hivernage au frais, plantation sous abri en avril.
De la plantation à la récolte 5 mois.
Arrosage Régulier.
Récolte En octobre, la plante porte de gros fruits ovales d'une dizaine de centimètres de longueur, rayés de violet. On voit que le fruit est mûr quand sa couleur vire au doré et que des rayures apparaissent. Protégez les fruits du contact direct avec le sol afin de ne pas laisser les limaces les abîmer. Cueillez-les avec beaucoup de précaution, car le fruit marque très vite. Même une pression des doigts trop forte l'abîme ! Le goût de la poire-melon est moins parfumé que celui du melon, on a du mal à trouver celui de la poire, mais il est néanmoins plaisant, original et doux. On le déguste frais, rehaussé d'une larme de Grand Marnier, par exemple, ou de sirop de gingembre.

La mise en place de tuteurs autour du pied est nécessaire pour empêcher les branches de plier sous le poids des fruits qui peuvent être nombreux.

Les 4 choux

Chou chinois

Brassica rapa subsp. *pekinensis* (pé-tsaï) et *Brassica rapa* subsp. *chinensis* (pak-choï)

Catégorie Légume feuille.
Famille Brassicacées.
Hauteur 30 à 50 cm.
Largeur 20 cm.
Exposition Soleil.
Bonnes variétés Le pé tsaï produit des pommes de feuilles très tendres, à la saveur douce, et ressemble à une laitue romaine ('Questar' est l'un des plus précoces, récolte 45 jours après le repiquage) ; le pak choï donne surtout des côtes, pas de pomme, et ressemble à une bette miniature ('Green Fortune' pousse en 45 jours).
Plantes/carré 5 plants.
Semis De juin à août.
Profondeur 1 cm.
Levée 1 à 2 semaines.
Du semis à la récolte 75 jours.
Arrosage Fréquent.
Récolte Pour le pé tsaï, récoltez quand le sommet de la pomme est ferme ; pour le pak choï, quand les côtes sont bien développées.

Attention aux limaces qui peuvent anéantir un semis ou une ligne de jeunes plants.

Chou de Bruxelles

Brassica oleracea var. *gemmifera*

Catégorie Légume feuille.
Famille Brassicacées.
Hauteur 60 à 70 cm.
Largeur 50 cm et plus.
Exposition Plein soleil.
Bonnes variétés 'Jade Cross', pour les récoltes d'automne, et 'Sanda', pour les récoltes de fin d'automne et d'hiver.
Plantes/carré 1 plant.
Semis Mars-avril pour une production d'octobre à décembre et avril-mai pour une production de janvier à mars.
Profondeur 1 cm.
Levée 1 semaine.
Du semis à la récolte 150 à 180 jours.
Arrosage Régulier.
Récolte D'octobre à mars, en cueillant les pommes au fur et à mesure des besoins.

Si vous avez une cheminée au bois, déposez la cendre sur le carré des choux de Bruxelles, pour avoir des petites pommes bien fermes. Au début, la végétation étant lente, vous pouvez planter des laitues au pied, ou des radis.

Chou-fleur

Brassica oleracea var. *botrytis*

Catégorie Légume fleur.
Famille Brassicacées.
Hauteur 30 à 80 cm.
Largeur 60 cm et plus.
Exposition Soleil.
Bonnes variétés Beaucoup de choux-fleurs débutent leur cycle de culture à l'automne, mais il faut une serre pour les conserver à 5-8 °C. Pour un potager en carrés, mieux vaut choisir des variétés à cycle rapide, que l'on sème au printemps et qui se récoltent quelques mois après. L'idéal est même d'acheter du plant pour raccourcir le temps d'occupation du potager : 'Milky Way', 'Celesta', 'Neckarperle', 'Locris' (70 jours entre la plantation et la récolte). La palme revient à 'Snow Crown', qui se récolte 50 jours après le repiquage.
Plantes/carré 1 plant.
Semis De février à juin. Pour une culture tardive, semez en juin et plantez 6 semaines après.
Profondeur 1 cm.
Levée 1 semaine.
Du repiquage à la récolte 60 à 150 jours selon les variétés (choux-fleurs d'été ou d'hiver) et la période de repiquage.
Arrosage Suivi, avec ajout de purin d'ortie tous les 15 jours.
Récolte D'avril à août selon les dates de semis ou de plantation. Cueillez quand la pomme ne grossit plus.

Le chou-fleur doit être planté dans un carré extérieur, sur le bord, car les feuilles sont volumineuses. Il pourra ainsi se développer à l'extérieur.

Chou-rave

Brassica oleracea var. *gongylodes*

Catégorie Légume feuille (en fait, c'est le collet que l'on consomme).
Famille Brassicacées.
Hauteur 50 cm.
Largeur 20 à 30 cm.
Exposition Soleil.
Bonnes variétés 'Azur Star', violet pourpre, ou 'Blaro', rouge bordeaux, tous deux décoratifs. Si vous désirez des choux-raves primeurs, semez ou plantez 'Quickstar', une variété extra-hâtive qui est lente à monter et ne durcit pas. Sa chair vert pâle reste moelleuse et sans fibres. 'Logo', à l'inverse, est une variété tardive, qui donne des petites pommes vert pâle toutes rondes et qui supporte bien la chaleur et la sécheresse de l'été.
Plantes/carré 1 ou 2 plants.
Semis De février (sous abri) à juin.
Profondeur 1 cm.
Levée 8 à 10 jours, 15-18 °C.
Du semis à la récolte 8 à 11 semaines.
Arrosage Régulier, sans excès.
Récolte De juillet à novembre. Arrachez vos choux-raves quand les « boules » atteignent 7 à 8 cm de diamètre.

Plus la culture du chou-rave sera rapide, plus son goût et sa chair seront fins.

Les 4 légumes primeurs

Ail nouveau

Allium sativum

Catégorie Légume bulbe.
Famille Alliacées.
Hauteur 30 cm.
Largeur 5 cm.
Exposition Plein soleil.
Bonnes variétés L'ail blanc ou violet de Cadours se plante en automne (en climat pas trop rude). 'Illico' et 'Paradour' sont très précoces. L'ail rose de Lautrec se plante au printemps ; 'Dario' et 'Messidor' sont précoces.
Plantes/carré 9 à 12 bulbes.
Plantation L'ail d'automne, blanc ou violet, peut germer dès le mois de novembre. On le plante donc de la mi-octobre à janvier. Il est idéal pour consommer en vert. L'ail de printemps (ou rose) est moins gros.
Profondeur 3 cm, la pointe doit affleurer le sol.
Levée 15 à 30 jours.
De la plantation à la récolte 5 à 8 mois.
Arrosage Modéré.
Récolte Dès le mois de mai, quand l'ail est encore vert.

Il n'est pas conseillé de planter l'ail acheté en épicerie puisqu'il a été traité de manière à empêcher la germination.

Carotte

Daucus carota

Catégorie Légume racine.
Famille Apiacées.
Hauteur 25 à 30 cm.
Largeur 5 à 8 cm.
Exposition Plein soleil.
Bonnes variétés 'Ronde de Paris'; 'Parmex', type grelot ; 'De Luc', demi-longue ; 'Chantenay à Cœur Rouge', demi-longue ; 'Bellot'et 'D'Amsterdam', adaptées aux jours courts. Essayez aussi 'Luc', une ancienne variété demi-longue, qui a l'avantage d'être à la fois précoce et productive. On la trouve souvent en Aquitaine où sa chair fine est appréciée. Si vous avez des problèmes avec la mouche de la carotte, choisissez 'Flyaway', un type nantais naturellement résistant au parasite.
Plantes/carré 9 à 12 plants.
Semis De janvier (sous abri) à mars.
Profondeur 1 cm.
Levée 3 à 4 semaines.
Du semis à la récolte 10 à 14 semaines.
Arrosage Régulier.
Récolte De mai à novembre.

La levée étant longue, attention aux limaces et aux mauvaises herbes. Vous pouvez semer des radis dans le même carré, qui seront récoltés bien plus vite. Pas d'apports de fumier ou de compost frais.

Navet

Brassica napus

Catégorie Légume racine.
Famille Brassicacées.
Hauteur 30 à 50 cm.
Largeur 20 cm.
Exposition Soleil.
Bonnes variétés 'Tokyo Top'et 'Market Express' se récoltent en 50 jours ; 'Jaune Boule d'Or' est l'un des meilleurs du point de vue gustatif ; 'Oasis' est très doux ; 'Petrowski' est à la fois tendre et sucré ; 'De Milan Rouge Extra-Hâtif' est l'un des plus précoces.
Plantes/carré 5 plants.
Semis Dès février, avec une protection.
Profondeur 0,5 à 1 cm.
Levée 1 semaine.
Du semis à la récolte À partir de 50 jours pour les plus rapides, mais comptez plutôt 2 mois.
Arrosage Régulier.
Récolte Dès que les navets ont atteint la taille d'une mandarine, fin mars-début avril.

Après le semis, arrosez un peu mais tous les jours, pour empêcher l'altise de venir dévorer les cotylédons.

Pomme de terre

Solanum tuberosum

Catégorie Légume tubercule.
Famille Solanacées.
Hauteur 50 cm.
Largeur 50 cm.
Exposition Pleine soleil. Pour des pommes de terre vraiment primeurs, prévoyez une protection (comme un mini-tunnel ou un châssis).
Bonnes variétés Ce sont les variétés précoces qui réussissent le mieux en culture primeur : 'Belle de Fontenay' (60 jours) et 'Sirtema' (65 jours).
Plantes/carré 1 plant.
Plantation De février (sous abri) à début mars.
Profondeur 5 cm.
De la plantation à la récolte 70 à 80 jours.
Arrosage Régulier.
Récolte Avant que le feuillage ne jaunisse, entre avril et juin selon la date de plantation, on arrachera les tubercules.

Les pommes de terre ne sont pas des légumes pour les potagers en carrés, car elles occupent la terre trop longtemps. Mais certains jardiniers voudront quand même s'essayer à leur culture. Nous leur conseillons donc de choisir des variétés primeurs chères sur le marché ou rares, comme 'Corne de Gatte', une variété ancienne demi-précoce, très prisée en Belgique. Elle est proche de la fameuse 'Ratte', mais avec une peau rose. Sa chair ferme, très fine et fondante, développe un goût de noisette.

Les 4 bulbes

Ciboule

Allium fistulosum

Catégorie Légume feuille.
Famille Alliacées.
Hauteur 60 cm.
Largeur 30 cm.
Exposition Soleil.
Bonnes variétés 'Totem' est une vigoureuse ciboule, qui pousse vite, parfaite pour le potager en carrés ; 'Rouge Commune', couleur aubergine claire, a un goût bien prononcé.
Plantes/carré 3 touffes.
Semis De mars à juillet.
Profondeur 1 cm.
Levée 2 semaines.
Du semis à la récolte 3 mois.
Arrosage Régulier, mais modéré.
Récolte De mai à octobre. La récolte des feuilles s'effectue tout au long de la culture de la plante.

On peut recouvrir la base de terre, pour que la partie blanche soit plus longue. Vous pouvez diviser les touffes à l'automne.

Ciboulette

Allium schoenoprasum

Catégorie Légume feuille.
Famille Alliacées.
Hauteur 30 cm.
Largeur 25 cm.
Exposition Soleil à mi-ombre.
Bonnes variétés 'Staro' développe de grosses feuilles ; 'Polycross' est très productive et vigoureuse.
Plantes/carré 4 touffes.
Semis De mars à mai.
Profondeur 1 cm.
Levée 10 à 15 jours, à 20 °C.
Du semis à la récolte 2 mois.
Arrosage Régulier, sans excès.
Récolte Dès avril. Les fleurs peuvent ensuite venir décorer les salades ou les poissons vapeur.

La ciboulette reste en place plusieurs années de suite. Il faut ensuite la diviser pour lui faire reprendre de la vigueur. L'opération est facile : on soulève la touffe avec une fourche-bêche. On divise ensuite à la main les petits bulbes. On les repique après par petits groupes de 3 ou 4, tous les 10 à 15 cm. Ces petites touffes grossiront dans la saison jusqu'à se rejoindre les unes les autres : vous aurez alors une jolie bordure de ciboulette.

Échalote

Allium escalonicum

Catégorie Légume bulbe.
Famille Alliacées.
Hauteur 30 cm.
Largeur 15 cm.
Exposition Soleil.
Bonnes variétés L'échalote grise est la plus parfumée. 'Griselle' se plante à l'automne. Au printemps, plantez 'Grisor', une échalote hybride de la grise.
Plantes/carré 9 bulbes.
Plantation Automne ou de janvier à avril.
Profondeur La véritable échalote ne se sème pas, elle se plante. On enfonce le bulbe de sa hauteur, la pointe affleurant à peine, surtout en sol humide.
Levée 10 à 15 jours.
De la plantation à la récolte 5 à 6 mois.
Arrosage Modéré.
Récolte Juillet-août. On peut commencer à récolter le feuillage encore vert pour agrémenter les premières salades de printemps. On récolte ensuite le bulbe quand le feuillage est sec.

Comme tous les bulbes, l'échalote n'aime pas le compost trop frais.

Oignon

Allium cepa

Catégorie Légume bulbe.
Famille Alliacées.
Hauteur 40 à 50 cm.
Largeur 20 cm.
Exposition Plein soleil.
Bonnes variétés 'Premier', pour semis de mars-avril ; 'Blanc de Rebouillon', récolté jeune, donne la cébette, que l'on mange en salade. Essayez aussi 'Best of Whites', qui, comme son nom l'indique, est l'un des meilleurs blancs, avec de gros bulbes bien ronds. Il se sème au printemps et se récolte en été. Pour des oignons blancs primeurs, choisissez 'Très Hâtif de Vaugirard', rond, un peu aplati, qui se cultive au printemps et à l'automne, car il résiste bien au froid. Mais le plus précoce reste 'Très Hâtif de la Reine', qui donne de petits bulbes ronds. La partie inférieure des tiges peut se consommer quand elle est très jeune, en soupe ou en quiches.
Plantes/carré 9 bulbes.
Semis De fin février à début mai.
Profondeur 1 cm.
Levée 12 à 18 jours.
Du semis à la récolte 4 à 6 mois.
Arrosage Modéré.
Récolte À partir de mai et jusqu'en août. On peut récolter les jeunes oignons en vert ou les laisser sécher.

Dans les régions à hiver doux, on peut semer en automne.

Les 4 légumes d'hiver

Céleri-rave

Apium graveolens var. *rapaceum*

Catégorie Légume racine.
Famille Apiacées.
Hauteur 50 à 80 cm.
Largeur 30 cm.
Exposition Plein soleil.
Bonnes variétés 'Ibis' est à croissance « rapide », car elle se récolte 6 mois après le semis.
Plantes/carré 1 plant.
Semis De février à avril, avec protection, repiquage au stade de 4 ou 5 feuilles, mise en place en mai-juin.
Profondeur 1 mm.
Levée 3 semaines.
Du semis à la récolte 7 mois.
Arrosage Ne supporte pas le manque d'eau.
Récolte Octobre-novembre, avant les gelées.

La levée étant assez longue, mieux vaut semer sous abri ou acheter du plant. Il faut au céleri-rave un sol riche et constamment frais. Ce n'est pas à proprement parler un légume adapté au potager en carrés, car sa culture est trop longue, mais il est intéressant d'en cultiver au moins une fois. Les boules se conservent dans du sable frais, hors gel, pour être consommées en hiver.

Épinard

Spinacia oleracea

Catégorie Légume feuille.
Famille Chénopodiacées.
Hauteur 20 à 30 cm.
Largeur 30 cm.
Exposition Ombragée pour les cultures d'été. Ensoleillée pour les cultures d'automne et d'hiver.
Bonnes variétés 'Parys', une variété surtout d'hiver est résistante aux maladies. En variété de printemps, 'Junius' est aussi résistante aux maladies et pousse rapidement.
Plantes/carré 5 plants.
Semis De février à avril (variétés de printemps) et de mi-août à fin septembre (variétés d'hiver).
Profondeur 1 cm.
Levée 1 à 2 semaines.
Du semis à la récolte À partir de 2 mois.
Arrosage Régulier, sinon il monte en graine.
Récolte D'octobre à avril, et même plus tard pour les variétés d'hiver (à partir de juin-juillet pour les variétés de printemps), feuille à feuille, sans abîmer les jeunes pousses du centre.

L'épinard étant gourmand, arrosez avec du purin d'ortie tous les 15 jours.

Mâche

Valerianella locusta

Catégorie Légume feuille.
Famille Valérianacées.
Hauteur 10 cm.
Largeur 15 cm.
Exposition Soleil à mi-ombre.
Bonnes variétés 'Agathe' est parfaite pour les productions hivernales, tout comme 'Verte de Cambrai', une variété tardive très résistante au froid.
Plantes/carré 9 plants.
Semis De juillet à octobre.
Profondeur 5 mm, sur un sol très tassé.
Levée 6 à 8 jours, à 15 °C, 1 à 3 semaines si la température est plus basse.
Du semis à la récolte 2 à 3 mois.
Arrosage Régulier.
Récolte De fin août à fin mars.

La mâche tenant peu de place, on peut aussi la semer au pied d'autres plantes poussant plus haut, comme les poivrons ou les tomates.

Poireau

Allium porrum

Catégorie Légume feuille.
Famille Alliacées.
Hauteur 40 cm.
Largeur 20 à 30 cm.
Exposition Soleil.
Bonnes variétés 'D'Hiver 2 race Vernor' est parfaite pour les cultures de fin d'automne et d'hiver, car elle est très résistante au froid. Pour une récolte très précoce, choisissez une variété très hâtive comme 'Wright'. C'est un hybride F1 qui pousse très rapidement. On peut la semer directement en place, sans passer par le stade repiquage, ce qui est pratique dans un potager en carrés. Elle se sème de septembre à mars et se récolte de juillet à octobre. Elle est facile à cultiver et pardonne les petites erreurs de culture. Idéale pour les débutants.
Plantes/carré 9 plants.
Semis Pour des poireaux tardifs, semez en avril-mai et repiquez en juillet-août.
Profondeur 0,5 à 1 cm.
Levée 2 semaines.
Du semis à la récolte 5 mois.
Arrosage Régulier, surtout en été.
Récolte De décembre à mars.

Vous pouvez semer vos poireaux, mais mieux vaut les acheter en plants. Avant de les planter, arrachez-les avec précaution s'ils sont en terre et préparez-les en les habillant : coupez un tiers des feuilles et deux tiers des racines.

Les 4 fleurs comestibles

Capucine

Tropaeolum majus

Catégorie Fleur comestible.
Famille Tropaéolacées.
Hauteur 20 à 30 cm.
Largeur 20 cm.
Exposition Soleil à mi-ombre.
Bonnes variétés Pour un potager en carrés, il faut éviter les capucines grimpantes (sauf en les mettant sur un tipi au milieu du carré). Choisissez plutôt des naines, comme 'Diamant', à la très longue durée de floraison, double, proposée en mélange de couleurs, ou la très originale 'Pêche Melba', compacte, à la floraison exceptionnelle donnant de très jolies fleurs jaunes légèrement rosées.
Plantes/carré 2 à 5 plants.
Semis Avril-mai.
Profondeur 1 cm.
Levée 3 semaines, à 12-15 °C.
Du semis à la floraison 2 mois.
Arrosage Régulier, sans excès.
Récolte De juin à octobre.

On peut ajouter les pétales, pour la couleur, dans les salades. Les boutons floraux non ouverts sont croquants, piquants et se mangent crus, avec les salades composées.

Œillet d'Inde

Tagetes patula

Catégorie Fleur comestible.
Famille Astéracées.
Hauteur 20 à 30 cm.
Largeur 15 cm.
Exposition Soleil.
Bonnes variétés 'Boléro', très parfumée, très florifère ; 'Globe Citron', aux fleurs arrondies. Si les grosses fleurs à pétales très doubles vous rebutent, essayez des variétés aux pétales plus simples comme 'Disco Mix', un mélange de couleurs rouge, jaune et orange, aux grandes fleurs simples, ou encore les variétés de la série Durango, aux fleurs extra-larges, simples et aux couleurs lumineuses et profondes, rouge acajou, jaune clair ou orange flammé.
Plantes/carré 5 à 9 plants.
Semis Avril-mai.
Profondeur 0,5 cm.
Levée 2 semaines.
Du semis à la floraison 3 à 4 mois.
Arrosage Régulier, sans excès.
Récolte À partir de juin, cueillez les pétales. Leur goût est épicé. Ils décoreront vos salades, taboulés, potages et vinaigrettes…

Attention aux limaces et escargots, très friands d'œillets d'Inde. À installer au pied des tomates, car ils éloignent les nématodes.

Pensées et violettes

Viola sp.

Catégorie Fleur comestible.
Famille Violacées.
Hauteur 15 à 20 cm.
Largeur 15 à 20 cm.
Exposition Soleil à mi-ombre.
Bonnes variétés Ces bisannuelles se déclinent en centaines de variétés, voire plus. Préférez les pensées à petites fleurs, les violettes cornues, qui ressemblent à des pensées miniatures et tiennent remarquablement bien tout l'hiver, quel que soit le temps.
Plantes/carré 4 à 6 plants.
Semis De juin à septembre.
Profondeur 0,5 cm.
Levée 10 jours.
Du semis à la floraison 2 à 3 mois.
Arrosage Régulier.
Récolte À partir de septembre jusqu'au printemps, cueillez les fleurs pour décorer vos salades.

Il est certainement plus facile d'acheter des plants que vous pouvez planter tout l'automne et même au printemps que de semer. On en trouve en abondance dans les jardineries.

Souci

Calendula officinalis

Catégorie Fleur comestible.
Famille Astéracées.
Hauteur 15 à 50 cm.
Largeur 15 à 25 cm selon les variétés.
Exposition Soleil, pas trop brûlant.
Bonnes variétés 'Nain Fiesta Gitana' (30 cm de haut), aux fleurs doubles, ou 'Simple Varié' (15 cm de haut), simple, très florifère.
Plantes/carré 3 à 5 plants.
Semis De mars à juin.
Profondeur 1 cm.
Levée 9 à 13 jours.
Du semis à la floraison 3 mois.
Arrosage Modéré.
Récolte De juin à septembre, cueillez les pétales quand les fleurs sont bien ouvertes, pour décorer les salades, les sorbets, les salades de fruits. Les pétales n'ont pas un goût très prononcé.

Plantez des soucis entre vos rangs de poireaux et de tomates pour éloigner les vers. Attention, ils peuvent se ressemer facilement.

Les 4 plantes aromatiques classiques

Basilic

Ocimum basilicum

Catégorie Plante aromatique feuille.
Famille Lamiacées.
Hauteur 25 à 45 cm.
Largeur 25 à 35 cm.
Exposition Mi-ombre.
Bonnes variétés Il existe des dizaines de variétés dont certaines prennent des arômes étonnants : cannelle, citron ('Mrs Burns'), réglisse… Parmi les variétés compactes, citons 'Vert Fin Compact' race Latino et surtout 'Pistou', très parfumé, qui forme des boules denses et compactes.
Plantes/carré 5 plants.
Semis Mars-avril au chaud, repiquage en mai ou mai-juin.
Profondeur 2 mm.
Levée 2 à 3 semaines.
Du semis à la récolte 3 mois.
Arrosage Régulier, mais les racines ne doivent pas baigner dans l'eau.
Récolte De juin à octobre. Pincez souvent les extrémités des tiges pour éviter qu'il ne monte en graine.

À l'automne, rentrez le basilic dès que la température nocturne tombe en dessous de 12 à 13 °C. Dans une pièce bien éclairée, vous en profiterez encore plusieurs semaines.

Coriandre

Coriandrum sativum

Catégorie Plante aromatique feuille.
Famille Apiacées.
Hauteur 25 cm à 1 m (parfois plus de 1,60 m !).
Largeur 25 à 40 cm et plus.
Exposition Plein soleil.
Bonnes variétés 'Lemon', au goût très peu amer, avec des notes citronnées, parfait en pot ou dans un potager en carrés. 'Delphino', amusant avec son feuillage extrêmement découpé, qui évoque l'aneth par son apparence ; son goût reste typiquement celui de la coriandre.
Plantes/carré 5 plants.
Semis De mai à juillet.
Profondeur 0,5 cm.
Levée 2 semaines (parfois plus).
Du semis à la récolte 2 mois.
Arrosage Régulier et sans excès, mais la coriandre aime avoir les pieds au frais.
Récolte De mai à octobre, cueillez les feuilles selon vos besoins, car la coriandre n'est parfumée que lorsqu'elle est fraîche. Les graines se récoltent en fin de saison, quand elles sont jaune sombre.

Il vaut mieux, dans un potager en carrés, prévoir des semis réguliers et récolter jeune, car la plante peut devenir trop haute et faire de l'ombre aux autres légumes. La coriandre est capable de se ressemer seule abondamment dans le potager.

Persil

Petroselinum crispum

Catégorie Plante aromatique feuille.
Famille Apiacées.
Hauteur 25 à 40 cm.
Largeur 15 à 25 cm.
Exposition Soleil à mi-ombre.
Bonnes variétés 'Géant d'Italie' (plat) est souvent considéré comme le plus fort en goût, il convient dans la majeure partie de la France. Pour les régions chaudes, on peut tenter 'Catalogno', aux feuilles encore plus larges (elles évoquent celles d'un céleri) et qui est encore plus parfumé. Dans les variétés frisées, 'Grüne Perle' a une bonne résistance au froid et repousse vite quand on le coupe.
Plantes/carré 5 plants.
Semis De février à septembre.
Profondeur 0,5 cm.
Levée 30 jours.
Du semis à la récolte 3 mois.
Arrosage Fréquent, sinon le persil monte en graine. Paillez en été.
Récolte Toute l'année, feuille à feuille. Protégez en hiver avec une cloche quand il fait froid.

Les semis étant assez longs à lever (il arrive même que rien ne lève), il est préférable d'acheter des petits plants de persil.

Sarriette annuelle

Satureja hortensis

Catégorie Plante aromatique feuille.
Famille Lamiacées.
Hauteur 20 à 40 cm.
Largeur 25 cm.
Exposition Soleil.
Bonnes variétés On trouve uniquement l'espèce de la sarriette annuelle (à ne pas confondre avec la sarriette vivace, S. *montana*, que l'on trouve aussi à l'état sauvage).
Plantes/carré 5 plants.
Semis Avril-mai.
Profondeur 0,5 cm.
Levée 8 à 15 jours (attention, le taux de germination est souvent faible).
Du semis à la récolte 2 mois.
Arrosage Régulier, sans excès.
Récolte À partir de juin, feuille à feuille.

Si la plante durcit ou monte en graine, coupez les tiges en juillet : elle redonnera des feuilles tendres.

Les 4 aromates originaux

Citronnelle

Cymbopogon citratus

Catégorie Plante à feuilles au goût citronné.
Famille Poacées.
Hauteur 30 à 60 cm et plus.
Largeur 30 à 50 cm.
Exposition Soleil pas trop vif.
Bonnes variétés On ne trouve que l'espèce dans le commerce.
Plantes/carré 1 plant. On pourra cultiver des radis au pied, tant qu'elle ne s'étend pas.
Plantation Mai.
De la plantation à la récolte 3 semaines, le temps de laisser le pied forcir.
Arrosage Régulier.
Récolte Les feuilles sont prélevées à partir de juin, les bases des tiges, à partir d'août. On peut sécher les feuilles. Il faut cesser de couper les feuilles 3 à 4 semaines avant les premiers gels, car la citronnelle, qui est une plante persistante mais non rustique sous nos climats, doit passer l'hiver en serre froide, hors gel, et avec une bonne partie de son feuillage. Pour faire sécher la citronnelle, on coupe les feuilles et les tiges en tronçons de 2 ou 3 cm et on les fait sécher au-dessus d'un radiateur, entre 30 et 40 °C.

La plante n'étant pas rustique sous nos climats (elle ne supporte pas des températures inférieures à 0 °C), il faut la protéger du gel en hiver.

Mertensia

Mertensia maritima

Catégorie Plante à feuilles au goût d'huître.
Famille Boraginacées.
Hauteur 15 cm.
Largeur 40 à 50 cm.
Exposition Soleil.
Bonnes variétés Certains pépiniéristes spécialisés ont produit des variétés aux feuilles plus larges que l'on trouve difficilement.
Plantes/carré 1 ou 2 plants, mais elle peut aussi se cultiver au pied des poivrons par exemple. Installez-la sur le rebord du potager, car elle est rampante.
Semis Fin avril-début mai. Il est préférable d'acheter un plant.
Profondeur 2 mm.
Levée 7 à 20 jours, à 15-20 °C. Le taux de germination oscille entre 60 et 70 %.
Du semis à la récolte 3 mois.
Arrosage Très modéré durant la période de repos végétatif, puis régulier en été, pendant la croissance de la plante.
Récolte Feuille à feuille. C'est une curiosité que les chefs cisèlent sur des fruits de mer par exemple.

Pour réussir le semis, il faut placer la caissette de terreau avec les graines au frais 3 semaines à 4 °C.

Safran

Crocus sativus

Catégorie Plante à bulbe dont on récolte les stigmates.
Famille Iridacées.
Hauteur 10 à 12 cm.
Largeur 5 à 10 cm.
Exposition Soleil.
Bonnes variétés On ne trouve que l'espèce en vente dans le commerce, mais les professionnels ont accès à des variétés diverses.
Plantes/carré 16 à 20 bulbes.
Plantation Août.
Profondeur 10 cm.
De la plantation à la récolte 2 à 3 mois.
Arrosage Modéré.
Récolte Les fleurs ne vivent que 48 heures, la cueillette doit donc être quotidienne pour récolter la fleur à peine épanouie.
On prélève ensuite les stigmates rouges des fleurs. Ils sont séchés à 35 °C (au-dessus du radiateur par exemple), en 24 ou 36 heures.

Il faut 150 fleurs pour produire 1 g de safran, mais un stigmate suffit à parfumer tout un plat.

Stevia

Stevia rebaudiana

Catégorie Plante à feuilles au goût sucré.
Famille Astéracées.
Hauteur 2 m et plus en serre ; 50 cm en pot.
Largeur 1,60 m et plus en serre ; 50 cm en pot.
Exposition Soleil tamisé.
Bonnes variétés Seule l'espèce est vendue en plants.
Plantes/carré 1 plant.
Plantation Printemps (les semis, quand on trouve des graines, sont délicats et lèvent mal).
De la plantation à la récolte Dès que la plante est assez forte pour supporter le prélèvement de feuilles.
Arrosage Régulier, mais modéré. Trop d'eau fait pourrir la plante au niveau du collet.
Récolte Au fur et à mesure des besoins ; en fin de saison, si vous traitez la plante en annuelle, cueillez toutes les feuilles et faites-les sécher, puis stockez-les au sec.

N'ajoutez pas d'engrais azotés. Les feuilles se développeraient généreusement, mais leur pouvoir sucrant serait amoindri.

Les 4 aromates vivaces

Estragon

Artemisia dracunculus

Catégorie Plante aromatique feuille.
Famille Astéracées.
Hauteur 50 à 80 cm.
Largeur 30 à 50 cm.
Exposition Soleil à mi-ombre.
Bonnes variétés Il existe deux types d'estragon : l'estragon français (*A. dracunculus*), le plus parfumé, et l'estragon de Russie (*A. dracunculus* var *inodora*), plus grand (jusqu'à 1,60 m) et qui a moins de saveur. Il produit des graines fertiles à l'inverse de l'estragon français donnant des graines stériles et qu'il faut donc multiplier par bouturage ou marcottage.
Plantes/carré 1 plant.
Bouturage ou marcottage Août.
Enracinement 2 à 3 mois.
Du bouturage ou du marcottage à la récolte 1 an.
Arrosage Régulier, sans excès.
Récolte Feuille à feuille ou branche à branche, dès que la plante est assez grande.

L'estragon doit être protégé dans les régions aux hivers rudes. Il vaut mieux le cultiver dans un pot, comme le thym, à côté du potager en carrés. Il peut devenir envahissant s'il s'y plaît...

Fenouil bronze

Foeniculum vulgare 'Purpureum'

Catégorie Plante aromatique feuille.
Famille Apiacées.
Hauteur 1,60 m et plus.
Largeur 50 cm et plus.
Exposition Soleil à mi-ombre.
Bonnes variétés Il existe juste du fenouil vert ou bronze.
Plantes/carré 1 plant.
Semis Printemps ou automne.
Profondeur 0,5 cm.
Levée 5 à 10 jours.
Du semis à la récolte 3 à 4 mois.
Arrosage Modéré, sauf en cas de sécheresse.
Récolte Dès le mois d'avril, quand les premières feuilles apparaissent. Jeunes feuilles et tiges se consomment crues ou cuites.

La plante est parfois indiquée comme bisannuelle, mais elle est plutôt vivace et peut rester des années en place. Vous pouvez la cultiver au pied des salades et des radis, du moins quand la plante est jeune.

Oseille

Rumex sp.

Catégorie Légume ou plante condimentaire feuille.
Famille Polygonacées.
Hauteur 30 à 60 cm et plus.
Largeur 25 à 50 cm.
Exposition Soleil à mi-ombre.
Bonnes variétés Plusieurs espèces sont cultivées : *R. scutatus*, ou oseille ronde, aux feuilles tendres ; *R. patientia*, au goût plus doux, qui se consomme plus comme des épinards ; *R. sanguineus,* aux belles nervures pourpres ; *R. acetosa,* ou oseille commune.
Plantes/carré 3 plants, puis 1.
Semis De mars à juin.
Profondeur 0,5 cm.
Levée 5 à 8 jours.
Du semis à la récolte 3 mois.
Arrosage Régulier.
Récolte De mai à octobre, feuille à feuille.

Tous les 4 ou 5 ans, vous pouvez diviser les touffes.

Thym

Thymus vulgaris

Catégorie Plante aromatique feuille.
Famille Lamiacées.
Hauteur 10 à 40 cm.
Largeur 20 à 40 cm.
Exposition Plein soleil.
Bonnes variétés Il existe des dizaines d'espèces et de variétés de thym. Pour le potager, le thym citron ('Citriodorus') est intéressant : il dégage de vraies notes citronnées et existe aussi en version panachée. À adopter aussi *T. fragrantissimus* 'Orange', aux notes d'agrumes.
Plantes/carré 1 à 3 plants.
Semis Fin avril-début mai.
Profondeur 0,5 cm.
Levée 3 à 5 jours, 20 °C (jusqu'à 30 jours parfois pour certaines variétés).
Du semis à la récolte 2 mois.
Arrosage Régulier, sans excès.
Récolte Tige à tige, au fur et à mesure des besoins.

Au départ, vous pouvez cultiver radis, mesclun, salades à côté des petits plants de thym. Pour ne pas occuper un carré en permanence, cultivez plutôt le thym dans un grand pot de 25 cm de diamètre, à côté du potager en carrés.

Les 4 plantes à infusions

Camomille romaine

Anthemis nobilis
(Chamaemelum nobile)

Catégorie Plante à feuilles et à fleurs.
Famille Asteracées.
Hauteur 10 à 30 cm.
Largeur 20 à 30 cm.
Exposition Soleil.
Bonnes variétés Il existe une variété à fleurs doubles.
Plantes/carré 1 plant.
Semis Mars-avril. Si la camomille se plaît, le semis d'une année sur l'autre est spontané.
Profondeur 0,5 cm.
Levée 21 à 30 jours, à 18-20 °C.
Du semis à la récolte 4 mois.
Arrosage Régulier à modéré.
Récolte Juin-juillet, au début de la floraison. Récoltez les fleurs à peine ouvertes et séchez-les au fur et à mesure dans un lieu sec et bien aéré. Attention, les fleurs trop développées brunissent au séchage : prenez soin de récolter les capitules à peine ouverts tous les jours.

Les capitules sont utilisées pour aromatiser des desserts et salades et également sous forme de tisane contre l'insomnie. Faites la cueillette le matin de préférence, pour un maximum d'arôme.

Mélisse

Melissa officinalis

Catégorie Plante à feuilles au parfum citronné.
Famille Lamiacées.
Hauteur 1 m.
Largeur 1 m et plus.
Exposition Soleil à mi-ombre.
Bonnes variétés 'All Gold', au feuillage doré ; 'Altissima', au parfum d'orange ; 'Variegata', panachée de vert et de jaune.
Plantes/carré La mélisse étant envahissante, il vaut mieux la conserver en pot.
Plantation À partir de mai. Il vaut mieux repiquer un éclat pris sur une plante adulte.
Profondeur 5 mm.
Levée 1 à 2 semaines.
De la plantation à la récolte 1 mois.
Arrosage Modéré.
Récolte Au fur et à mesure des besoins, de mai à octobre.

La mélisse devient envahissante par son semis spontané et son port drageonnant. Il est donc conseillé de l'arracher dès la fin juin, après avoir récolté toutes les jeunes feuilles et quand elle est au pic de son parfum. Vous pouvez la repiquer dans un grand pot, ou bien au jardin, où elle se mêlera avec bonheur aux rosiers par exemple.

Menthe

Mentha sp.

Catégorie Plante aromatique feuille.
Famille Lamiacées.
Hauteur 50 cm.
Largeur 50 cm et plus.
Exposition Soleil tamisé.
Bonnes variétés Il existe des dizaines d'espèces de menthes comestibles et encore plus de variétés. Certaines ont un parfum anisé ('Anis'), de lavande ('Lavande'), de banane *(M. arvensis* 'Banana'), poivré *(M. spicata)*, d'orange *(M. suavelolens* 'Orange Mint'), de chocolat (*Mentha* x *piperita f. citrata* 'Chocolate').
Plantes/carré 1 plant.
Plantation La meilleure façon de multiplier la menthe est de prélever une tige et de la faire raciner dans de l'eau ou directement en terre, d'avril à septembre.
Enracinement 15 jours.
De la plantation à la récolte 1 semaine.
Arrosage Régulier.
Récolte Dès que la plante est assez forte pour supporter le prélèvement de feuilles. Récoltez au fur et à mesure des besoins.

Mieux vaut conserver la menthe en pot, car elle est envahissante.

Verveine citronnelle

Aloysia citrodora (ou *A. triphylla*)

Catégorie Plante à feuilles au goût citronné.
Famille Verbénacées.
Hauteur 1,80 m en serre ; 60 cm en pot.
Largeur 1,20 m en serre ; 40 cm en pot.
Exposition Soleil.

Bonnes variétés L'espèce seule est vendue.
Plantes/carré 1 plant.
Bouturage ou marcottage Sous nos climats, la verveine ne donne pas de graines. On bouture en août-septembre ou on marcotte.
Du bouturage ou du marcottage à la récolte Plusieurs mois.
Enracinement 2 à 3 mois
Arrosage Copieux en été.
Récolte Feuille à feuille. On peut aussi faire sécher les feuilles. Pour cela, on les cueille juste avant la floraison et on les fait sécher à l'ombre, dans un endroit sec et aéré. Quand elles sont bien sèches, on les met dans un bocal bien hermétique. Elles se conservent ainsi 2 ans. Elles se servent en infusion, pour parfumer des crèmes, des jus de fruits, des salades de fruits, des sirops. On en fait aussi des pots-pourris.

La plante, originaire du Pérou, n'est pas rustique sous nos latitudes. Il faut lui faire passer l'hiver dans une pièce fraîche et bien éclairée, à 8-12 °C. Ne pas hésiter à tailler court au printemps, car elle a tendance à s'étioler en hiver et à se dégarnir.

Carnet d'adresses

Potagers

www.le-jardin-de-catherine.com
Potagers surélevés (de la marque Jardipolys®).

www.minijardin.fr
Parmi les potagers les plus élaborés et les plus pratiques, citons le Mini Jardin®. Il a la particularité de posséder une réserve d'eau intégrée. Son autonomie d'arrosage est de plus d'une semaine en été, ce qui est un véritable atout. Il est livré monté avec un terreau professionnel spécialement conçu pour ce type de culture. Les résultats, testés sur une saison, sont excellents !

www.plantes-et-jardins.com
Potagers classiques en bois.

Produits

Biotéro
Terreau biologique.
CD 55 - 111, chemin de Yemanville - 76760 Criquetot-sur-Ouville
Tél. : 02 35 95 14 78 | www.biotero.fr

www.jardinage-bio.com
Tous les produits pour le jardinage bio. Conseils de Victor le jardinier.
B.P. 204 - 14209 Hérouville-Saint-Clair Cedex
Tél. : 02 28 23 95 17

Graines et plants

Arom'antique
Le spécialiste de la plante aromatique, qui possède l'une des gammes d'aromatiques les plus étendues. Les plantes sont produites en bio et proposées en godets et en pots. Une particularité : c'est aussi le spécialiste de la plante aromatique médiévale. Des parfums étonnants.
Le Vallon des senteurs - 275, chemin la Ville - 26750 Parnans
Tél. : 04 75 45 34 92 | www.plantearomatique.com

Aromaticulture
La pépinière propose un grand choix d'aromatiques : des plantes les plus rustiques, pour jardin, aux plus frileuses, pour l'intérieur.
Mas de Layé - 12200 Martiel
Tél. : 06 25 78 49 59 | www.aromaticulture.com

Baumaux
L'un des catalogues de graines les plus complets, aussi bien en graines potagères qu'en fleurs. Variétés modernes et anciennes.
B.P. 100 – 88503 Mirecourt Cedex
Tél. : 03 29 43 00 00 | www.graines-baumaux.fr

Conservatoire national des plantes à parfum, médicinales, aromatiques et industrielles (CNPMAI)
Une visite incontournable, où l'on peut acheter des aromatiques rares et/ou originales.
Route de Nemours - 91490 Milly-la-Forêt
Tél. : 01 64 98 83 77 | www.cnpmai.net

Fabre Graines
Une belle gamme de graines potagères et de fleurs, mais aussi de matériel pour le jardinage.
21, rue des Drapiers - B.P. 95250 - 57083 Metz Cedex 03
Tél. : 03 87 74 07 65 | www.fabre-graines.com

Ferme de Sainte-Marthe
Graines bio de légumes anciens et une large gamme de produits biologiques destinés au jardin bio.
B.P. 70404 - 49004 Angers Cedex 01
Tél. : 0891 700 899 | www.fermedesaintemarthe.com

Ferme des saveurs
Jean-Marc Parra propose des aromatiques, des plante médicinales, des légumes oubliés, rares, originaux, exotiques, des tomates anciennes, des piments, des aubergines.
47180 Castelnau-sur-Gupie
Tél. : 05 53 20 01 19 | www.lafermedessaveurs.pagesperso-orange.fr

Gaec Hortiflor Bureau
L'esprit de cette entreprise est de protéger le patrimoine végétal. Elle propose une très belle sélection de légumes anciens et/ou rares et de plantes aromatiques originales. Portes ouvertes le 1er week-end de mai et d'octobre.
9 bis, chemin de l'Aiglerie - 49170 Savennières
Tél. : 02 41 72 21 67 | www.hortiflorbureau.com

Germinance
Semences potagères biologiques, plantes aromatiques et médicinales ainsi que des fleurs de jardiniers amateurs et maraîchers.
4, impasse du Gault - 49150 Baugé
Tél. : 02 41 82 73 23 (le matin de préférence) | www.germinance.com

Graines Bocquet
Une belle gamme de graines de légumes modernes et anciens.
255, rue de la Mairie - 59283 Moncheaux
Tél. : 03 27 80 11 36 | www.graines-bocquet.fr

Jacques Briant
Un catalogue généraliste qui propose également une sélection de graines potagères et de petits fruits.
La Haie Joulain - 49480 Saint-Sylvain-d'Anjou
Tél. : 0892 16 49 49 | www.jacques-briant.fr

La bio-jardinerie
Graines pour le potager, graines de fleurs, aromatiques et engrais bio, traitements naturels, produits pour la lutte biologique.
49, rue de Poulourou - 29260 Ploudaniel
Tél. : 02 98 25 99 27 | www.bio-jardinerie.fr

Le Biau Germe
Ce groupe de 19 agriculteurs, fondé il y a 30 ans, est spécialisé dans la multiplication de semences bio potagères anciennes, florales et aromatiques.
Lieu-dit Garliet - 47360 Montpezat-d'Agenais
Tél. : 05 53 95 95 04 | www.biaugerme.com

Les semences du Puy
L'entreprise commercialise des graines d'arbres, d'arbustes et de plantes exotiques ou sauvages, mais aussi de salades sauvages, d'aromatiques, d'engrais verts, de plantes mellifères.
1, chemin Sainte-Catherine - 43000 Le Puy-en-Velay
Tél. : 04 71 02 72 40 | www.semencesdupuy.com

Ribanjou
L'une des plus belles gammes de petits fruits (230 références). Des espèces à baies comestibles rares ou originales. Gamme d'arbustes certifiée Agriculture biologique.
Zone horticole du Rocher-Briollay - 49125 Tiercé
Tél. : 02 41 42 65 19 | www.ribanjou.com

Semailles
Semences et plants biologiques/biodynamiques (anciennes variétés potagères, aromatiques, fleurs et engrais verts), amendements, produits et matériel pour un jardinage écologique.
Rue du Sabotier, 16 B - 5340 Faulx-les-Tombes - Belgique
Tél. : + 32 (0)81/57 02 97 | www.semaille.com

Thompson & Morgan
Le célèbre grainetier anglais propose un assortiment de plus de 2 000 variétés de fleurs et de légumes disponibles en ligne. Des variétés primées et des exclusivités. Un bémol : le site est dans la langue de Shakespeare.
www.tandmworldwide.com

Vilmorin
Vous trouverez une très belle gamme de plantes potagères et aromatiques en jardinerie. La marque Vilmorin (leader mondial de la semence potagère) propose régulièrement des nouveautés et des obtentions exclusives.
www.vilmorin-jardin.fr

www.lagrainetiere.com
Il s'agit d'un site de vente par correspondance spécialisé dans les graines potagères anciennes, aromatiques, de fruitiers et ornementales.
B.P. 80197 - 74304 Cluses Cedex

À visiter

Château des Allues
Ce château a reçu le 1er prix au Concours national des potagers 2011 de la Société nationale d'horticulture de France pour ses magnifiques potagers en carrés.
73250 Saint-Pierre-d'Albigny
Tél. : 06 75 38 61 56 | www.chateaudesallues.com

Terre Vivante
Le centre Terre Vivante, niché dans une forêt de 50 ha à une heure au sud de Grenoble, présente chaque saison de splendides jardins potagers cultivés en bio. Il ouvre ses portes aux particuliers sur réservation en mai et en été, et édite le magazine *Les 4 Saisons du jardinage bio*.
Domaine de Raud - 38710 Mens
Tél. : 04 76 34 80 80 | www.terrevivante.org

Les règles pour être son propre grainetier et récolter soi-même ses semences

- Prélever sur des plantes vigoureuses dans la première moitié de la production, car les graines sont de meilleure qualité.
- Attendre que les fruits soient bien secs (pois, haricots...) ou qu'ils soient bien mûrs (tomates, piments, courges…).
- Récolter par temps sec. Sinon, doubler le temps de séchage et bien séparer les graines des enveloppes sèches.
- Conserver dans un endroit frais, sec et à l'abri de la lumière, dans une boîte en bois non traité.
- Ne pas stocker si les graines sont humides.
- Bien étiqueter, avec la date de récolte.

Index

Crédits photographiques

© **Bacsac**® (Potager de Bianca)
Page : 22d

© **Biosphoto**
Elke Borkowski/GAP
Pages : 17g ; 20 ; 31g ; 61d
Nigel Cattling/Flpa
Page : 60
Rebecca Cornell/Garden Collection
Page : 81d
Frédéric Didillon
Page : 104g
Liz Eddison/Garden Collection
Pages : 29 ; 77d
FhF GreenMedia/GAP
Page : 52
Lea Fiona/GAP
Page : 4
Jean-Michel Groult
Pages : 53g ; 105d
Derek Harris/Garden Collection
Page : 57d
Martin Hughes-Jones/GAP
Pages : 76 ; 96g ; 97d
Hervé Lenain
Page : 104d
Alain Le Toquin
Page : 8
Adcock Maxine/GAP
Pages : 19g ; 69g
Vilma Meunier
Page : 56
NouN
Pages : 28 ; 65g
Alexandre Petzold
Pages : 49d ; 68 ; 84 ; 93d
Gary K Smith/Photoshot
Pages de garde ; 6-7 ; 65d ; 94-95
Neil Sutherland/Garden Collection
Page : 69d

© **Bénédicte Boudassou**
Pages : 10d ; 19d ; 49g

© **Catherine Delvaux**
Pages : 11d ; 14b ; 15 ; 21g et d ; 22gh et b ; 24 ; 25 ; 26 ; 57g ; 64 ; 73d ; 89g ; 97g ; 102d ; 110g et d ; 111g ; 117g ; 119g ; 122g ; 123d

© **Digitalice**
Pages : 17d ; 118d
Harold Verspieren
Pages : 61g ; 102g ; 113g ; 117d

© **MAP/Mise au point**
GWI/Martin Hughes-Jones
Pages : 92 ; 105g
GWI/Rowan Isaac
Page : 81g
GWI/John Swithinbank
Page : 72
Nicole et Patrick Mioulane
Pages : 44-45
Clive Nichols/Duncan Heather
Page : 89d
Clive Nichols/Clare Matthews
Pages : 14h ; 23 ; 53d ; 85d ; 93g
Pasquel et Mioulane
Pages : 13g ; 73g
Philip Smith
Page : 85g

© **Thinkstock**
Coll. Digital Vision, Martin Poole
Page : 30
Coll. Hemera
Pages : 16d ; 48 ; 77g ; 100g ; 101d ; 103d ; 115d
Coll. iStockphoto
Pages : 10g ; 11g ; 16g ; 31d ; 80 ; 88 ; 96d ; 98g et d ; 99g et d ; 100d ; 101g ; 103g ; 106g et d ; 107d ; 108g et d ; 109g et d ; 111d ; 112g et d ; 113d ; 115g ; 116g et d ; 118g ; 119d ; 120g et d ; 121g et d ; 122d ; 123g
Coll. Stockbyte, Tom Brakefield
Page : 107g
Coll. Zoonar
Page : 114g et d

Photogravure IGS-CP, L'Isle d'Espagnac, 16
Imprimé en Espagne par Graficas Estella, Estella
Dépôt légal : février 2013
310300/04-11029708 – janvier 2015